Pierre Labardin

L'essentiel de l'Histoire de la Gestion

2012-2013

4e édition

Gualino

lextenso éditions

LES CARRÉS

Cette collection de livres présente de manière **synthétique, rigoureuse** et **pratique** l'ensemble des connaissances que l'étudiant doit posséder sur le sujet traité. Elle couvre :

- **le Droit et la Science Politique ;**
- **les Sciences économiques ;**
- **les Sciences de gestion ;**
- **les concours de la Fonction publique.**

Ouvrage sélectionné par Béatrice et Francis Grandguillot

33 rue du Mail 75081 Paris cedex 02
ISBN 978 - 2 - 297 - 02516 - 4
ISSN 1288-8206

Présentation

Ce nouvel ouvrage de la collection « *Les Carrés* » est original dans la mesure où il n'existait pas jusqu'à présent d'ouvrages de synthèse sur l'***histoire de la gestion***. On trouvait certes des manuels d'histoire économique, d'histoire sociale ou d'histoire des entreprises et de très bonnes synthèses dans chacun des domaines.

La variété des recherches s'intéressant à l'histoire de la gestion peut expliquer en partie ce manque tant les travaux sont divers en sciences humaines : l'histoire, l'économie, la sociologie, le droit mais aussi l'anthropologie, l'architecture ou la littérature se sont intéressés sous des angles différents à l'histoire de la gestion comme nous le verrons.

L'ambition de cet ouvrage est de restituer (brièvement compte tenu du format) cette histoire en montrant comment les multiples dimensions de cette discipline se sont constituées. Il peut notamment constituer une partie des enseignements d'introduction à la gestion.

Ceci implique évidemment un certain nombre de choix quant aux sujets traités (notamment dans les périodes les plus récentes) : d'abord, parce que les travaux ne sont pas aussi également répartis selon les différentes disciplines de la gestion et, aussi, parce qu'inévitablement toute synthèse suppose de ne retenir qu'une partie des travaux. Le format de l'ouvrage implique également une bibliographie réduite : nous aurions voulu évidemment pouvoir mentionner tous les ouvrages auxquels nous avons eu recours pour permettre au lecteur d'approfondir éventuellement les points susceptibles de l'intéresser plus particulièrement. Deux règles ont présidé à ce choix :

- d'une part, nous avons privilégié la diversité des auteurs, la plupart n'étant cités que pour un seul travail ;

- d'autre part, nous avons mis en avant les ouvrages : ils nous paraissaient souvent plus accessibles (tant intellectuellement que matériellement) qu'une thèse et plus complets que les articles.

Remerciements

Merci à Ève Lamendour, Gaëlle Marchès, Charlotte Perrigault, Anne Pezet, Aurélien Ragaigne et mes parents pour leur aide précieuse, chacun à leur façon.

SOMMAIRE

Introduction

Les travaux d'Alfred Chandler sont aujourd'hui largement reconnus et enseignés bien au-delà de la seule histoire de la gestion. Leur méthodologie originale – le recours à des études de cas historiques – a pourtant mis du temps à se diffuser en France. C'est seulement depuis une vingtaine d'années que la recherche française en sciences de gestion a commencé à se pencher sérieusement sur son histoire. Les recherches menées depuis lors ont permis, au fil des années, de constituer un corpus qui fonde aujourd'hui ce travail.

1 L'objet de l'ouvrage

Cet ouvrage se propose de faire l'histoire de ce que nous nommons aujourd'hui « *la gestion* » et que nous allons d'abord essayer de définir. Dans notre cadre, il ne s'agit pas de proposer une définition qui unirait les sciences de gestion aujourd'hui, mais plutôt une définition qui permette de retracer historiquement l'apparition de celles-ci.

La première façon consiste à reprendre les différentes branches qui constituent aujourd'hui *les sciences de gestion* : la comptabilité, le contrôle de gestion, la finance d'entreprise et de marché, le marketing, la gestion des ressources humaines, la gestion de production, la stratégie, les théories des organisations, etc. Si cette liste permet à l'historien d'identifier plus clairement son objet, elle demeure insatisfaisante intellectuellement : en effet, pourquoi une de ces activités ferait partie de la gestion alors qu'une autre en serait écartée ?

En cherchant à donner à cette dernière une cohérence *a priori*, nous pourrions tomber dans un piège : celui de vouloir considérer que la gestion a toujours recouvert peu ou prou les mêmes domaines. Il n'en est évidemment rien : le premier traité de comptabilité en partie double de Luca Pacioli, publié en 1494, ne constitue-t-il pas d'ailleurs un simple chapitre d'un manuel d'arithmétique ? Jusqu'au début du XXe siècle, nombreux seront les auteurs comptables qui présenteront la comptabilité comme une branche des mathématiques. Définir la gestion ne peut donc se faire *a priori*, mais plutôt au terme d'une analyse historique qui en fixe les contours.

Il nous a donc semblé plus pertinent de nous en tenir à une autre définition : ***la gestion se caractériserait par l'idée qu'il y aurait des façons structurellement meilleures que d'autres de conduire une organisation***. Par l'expression « structurellement meilleure », nous ne voulons pas dire qu'il y aurait un quelconque *one best way* taylorien. Nous voulons simplement signifier que, dans certains contextes, des pratiques sont plus efficaces que d'autres : on peut ainsi penser que tenir ses comptes, intégrer ses clients dans sa réflexion stratégique font par exemple partie de ces pratiques.

Si certains champs de recherches sont relativement actifs comme l'histoire de la comptabilité, d'autres sont relativement délaissés. Puissent les jeunes chercheurs se lancer dans des thèses qui combleront les trous noirs de cette discipline encore jeune.

2 Pourquoi l'histoire de la gestion ?

À première vue, il peut paraître assez surprenant d'avoir recours en gestion à la méthodologie historique. Il s'agit en effet de savoirs très ancrés dans l'action. La plupart des discours managériaux se projettent plus volontiers dans le futur que dans le passé. Si de multiples raisons expliquent l'intérêt de l'histoire, nous voudrions simplement nous limiter à en mentionner ici deux illustrations :

– une des plus communes est d'étudier les conditions et le contexte économique qui expliquent la genèse de telle pratique ou l'utilisation de tel outil. Prenons l'exemple du calcul des coûts dans les entreprises. Dès l'entre-deux-guerres, cet outil remplit une multitude de fonctions : la maîtrise des coûts naturellement mais aussi la fixation des prix de vente. Cette deuxième optique entraîne une utilisation originale dans les années 1930 : la définition d'une méthode commune permettant de limiter la concurrence. Aujourd'hui, dans les industries en réseau (télécommunications, énergie, etc.), le calcul des coûts est toujours utilisé mais à de nouvelles fins. Une partie des activités de ces monopoles historiques (les activités de service) sont ouvertes à la concurrence, les autorités de la concurrence fixant les prix (sur la base du calcul des coûts) auxquels l'opérateur historique vend ces services. La perspective historique est un moyen de mettre en lumière la variété des usages d'un outil donné : le calcul des coûts peut à la fois servir à limiter ou à développer la concurrence ;

– l'histoire permet aussi de revisiter certaines problématiques contemporaines. En comptabilité, les normes comptables internationales (dites IFRS) s'appliquent progressivement en comptabilité française. Une de ses caractéristiques est le passage du coût historique (valorisation des actifs à leur coût d'acquisition dans le cas général) à la juste valeur (valorisation des actifs à leur valeur de marché). Mais c'est le mouvement inverse (passage de la juste valeur au coût historique) qui s'est produit au début du XXe siècle. À cet égard, comprendre les raisons pour lesquelles la valeur de marché a pu progressivement s'effacer au profit du coût historique permet par exemple d'observer que les arguments avancés (dans un sens comme dans l'autre) n'ont guère évolué depuis lors. La compréhension de cette mutation contemporaine peut dès lors s'éclairer par les constatations faites un siècle plus tôt, même si l'environnement a été bouleversé.

3 Histoire des savoirs, histoire des pratiques

Une autre question se pose au début de ce manuel : faut-il privilégier une histoire de la pensée de gestion ou une histoire des faits ? Les historiens de l'économie distinguent souvent les deux comme si leurs logiques étaient trop éloignées pour pouvoir se rejoindre ou s'enseigner dans un même cours. Au contraire, ***nous proposons ici d'esquisser une histoire qui prenne en compte aussi bien les savoirs que les pratiques***. Il s'agira plus précisément d'étudier leurs influences réciproques.

Cette double histoire ne va pas sans poser quelques difficultés : en effet, le temps de la pensée n'est pas toujours – loin s'en faut – celui des pratiques. Dans son *Histoire de la comptabilité*, Jean-Guy Degos rappelle ainsi les origines sumériennes de celle-ci alors que les premiers manuels connus qui chercheront à théoriser les pratiques seront largement postérieurs. On pourrait multiplier les exemples : le négociant du XVIIIe siècle ne faisait-il pas déjà du marketing ou de la stratégie sans le savoir quand il prospectait de nouveaux marchés ? Apparemment oui, et pourtant, l'idée de stratégie est alors inexistante.

Ces quelques exemples nous amènent à clarifier l'épaisseur temporelle de la gestion. Nous voulons ici nous limiter à un objectif simple : mettre en évidence l'émergence de la modernité de celle-ci. Mais dater de façon uniforme cette modernité demeure délicat : en effet, la comptabilité de gestion se développe au début du XIXe siècle, la réflexion sur l'organisation dans la deuxième moitié du XIXe siècle, le marketing et la gestion des ressources humaines dans la première moitié du XXe siècle. Plutôt que de retenir une date, nous préciserons régulièrement la chronologie propre à chaque discipline.

Précisons enfin que cette synthèse se limitera essentiellement au cas de la France. Nous proposerons néanmoins quelques digressions vers l'Antiquité ou encore quelques comparaisons contemporaines aux pays anglo-saxons.

4 Différentes lectures des évolutions historiques

Les recherches en histoire de la gestion tentent de comprendre ces évolutions en s'inspirant de grandes intrigues selon l'expression de Paul Veyne. Trois grands courants se distinguent proposant une lecture à peu près homogène de l'histoire de la gestion :

– ***les auteurs dits néoclassiques*** expliquent les changements intervenus par la nécessité pour l'entreprise de s'adapter à un contexte économique ou technologique nouveau. Cette évolution constituerait en quelque sorte une amélioration progressive des techniques de gestion : le développement de la comptabilité, de la finance ou de la publicité serait autant de signes de l'amélioration des pratiques de l'entreprise. Ce courant est relativement dominant dans la recherche anglo-saxonne. Les travaux de Chandler se situent ainsi dans cette optique ;
– en réaction à cette approche, ***les marxistes*** proposent une autre explication. Les outils de gestion constitueraient un moyen pour la direction de l'entreprise de s'approprier la plus-value. Par exemple, la technique comptable est perçue comme un moyen de dissimuler aux salariés l'étendue des profits. De même, la mise en place de la hiérarchie a pu être analysée comme le moyen de « diviser pour régner » ;
– ces deux premières explications partagent un point commun : la prééminence accordée au contexte économique. Un troisième courant s'est constitué, mettant davantage en évidence des ***facteurs sociaux et culturels***. Les phénomènes de légitimité ou les relations savoir/pouvoir sont autant de sphères que ces approches privilégient. Les travaux des néo-institutionnalistes, de Michel Foucault ou de Bruno Latour, sont ainsi fréquemment mobilisés. Ce courant de recherche voit l'évolution de la gestion davantage comme une construction complexe (économique, culturelle, sociale et politique) que comme le simple résultat de déterminants économiques ou technologiques.

Il ne s'agit pas ici de trancher un tel débat (à supposer qu'il puisse l'être de façon définitive), mais simplement de livrer au lecteur les grandes lignes des différents courants. La bibliographie permettra au lecteur intéressé d'approfondir ces questions si besoin est.

Exemple

Rendre compte de la naissance de la fonction comptable

La fonction comptable se met en place en France à la fin du XIXe et au début du XXe siècle. Les trois courants précédents ci-dessus nous fournissent des explications différentes :

– ***le courant néoclassique*** mettra l'accent sur des facteurs comme le contexte économique (montée de la concurrence, etc.), la constitution de la grande entreprise ou l'arrivée des innovations techniques (feuillets mobiles, machines comptables) qui rendraient nécessaires la mise en place de la fonction comptable ;

– ***le courant marxiste*** verra plutôt dans la fonction comptable un moyen de déclasser l'employé. On peut également y voir un moyen de dissimuler les bénéfices en divisant le travail, de sorte que peu de comptables connaissent la réalité des résultats de l'entreprise ;

– ***le troisième courant*** mettra davantage l'accent sur les facteurs culturels : la fonction comptable sera ainsi le résultat de la constitution d'un *corpus* de savoirs qui pèseront sur les pratiques des entreprises. Ce courant recherchera donc dans les groupements ou la presse professionnelle l'origine de la fonction comptable.

5 Plan de l'ouvrage

Nous avons pris le parti de diviser cet ouvrage en *cinq chapitres*.

Un premier chapitre propose une brève ***préhistoire de la gestion***, c'est-à-dire une histoire de la gestion antérieure au XIXe siècle. Il nous paraît en effet impossible d'appréhender la nouveauté radicale de notre modernité sans comprendre comment les savoirs et les pratiques de gestion existaient auparavant.

Les quatre autres chapitres proposent de réorganiser la modernité de la gestion en en donnant quatre grandes caractéristiques qui forment autant de chapitres :

- le deuxième chapitre est consacré à ***l'évolution des techniques*** : il s'agira de saisir la nouveauté des différents champs des sciences de gestion (comptabilité, finance, marketing, stratégie, gestion des ressources humaines, stratégie, etc.) ;
- le troisième chapitre est consacré aux ***acteurs*** : comment le XIXe et le XXe siècle ont-ils pu contribuer à façonner des fonctions qui nous paraissent aujourd'hui évidentes ? Nous évoquerons ainsi les figures du dirigeant salarié, de l'actionnaire, de l'employé de bureau ou encore du consultant en montrant comment leur genèse s'accorde avec celles des techniques ;

– le quatrième chapitre s'attache à définir les ***contours de l'organisation***, qui constitue aussi une des nouveautés de notre modernité. Il s'agira de revenir sur la genèse de la notion de structure et sur la définition d'une nouvelle délimitation de l'espace et du temps ;
– le cinquième et dernier chapitre s'intéresse aux ***institutions*** qui ont contribué à ancrer durablement la gestion dans nos sociétés contemporaines (l'enseignement, la presse spécialisée, les associations professionnelles et les syndicats).

Une préhistoire de la gestion

Chapitre 1

L'objet de ce chapitre est de revenir sur la gestion avant l'époque moderne. La gestion n'existe pas alors en tant que telle. Nous ne pourrons évidemment être exhaustifs, aussi nous attacherons-nous à mettre en évidence plusieurs éléments méconnus.

1 La gestion sous l'Antiquité

Dès l'Antiquité, on retrouve des traces d'organisation et de gestion. Les plus anciennes concernent évidemment les comptabilités tenues à Sumer et dont le Code d'Hammourabi nous laisse quelques traces. Les Égyptiens, les Grecs ou les Romains tinrent également des comptabilités ainsi que l'ont confirmé de nombreux historiens.

Il ne faudrait pas croire que les techniques d'alors se limitaient à un simple dénombrement d'objets. Gérard Minaud rappelle par exemple que le concept d'amortissement était déjà pratiqué à Rome. ***La comptabilité a, dès ses débuts, une fonction managériale***. Ainsi, la tenue des comptes va de pair avec l'exercice d'un pouvoir de direction. Les sources comptables laissent des traces importantes et permettent donc de se faire une idée plus précise des pratiques alors que celles d'autres domaines de la gestion (ressources humaines, etc.) sont plus rares.

Le contrôle des comptes à Rome

« Les Romains s'étaient dotés de documents pour enregistrer les opérations courantes (*aduersaria*), pour justifier l'état de leurs immobilisations (*codex accepti et expensi*) et mener une active gestion de trésorerie (*liber kalendarii*). Ils avaient donc à leur disposition un ensemble de moyens techniques appropriés à l'établissement et à la tenue de comptes, qui constituaient à la fois un reflet du passé et un instrument de contrôle potentiel [...].

Ces grands propriétaires terriens veillaient avec attention sur leurs exploitations sans en assurer eux-mêmes le fonctionnement quotidien, délégué à une personne qualifiée, bien souvent servile, comme l'intendant (*uilicus*). La plupart de ces aristocrates étaient impliqués dans les affaires publiques (armée, diplomatie, ou magistratures diverses) et ils devaient à ce titre produire eux-mêmes une reddition de comptes pour l'exercice de la délégation de compétence que leur avait conférée l'autorité publique. »

Minaud [2005], pp. 222-223.

L'Antiquité a également développé les premières pratiques financières : ainsi, la monnaie apparaît à la fois en Grèce et chez les Lydiens (situés en Asie Mineure) vers 700 avant Jésus-Christ. Les Babyloniens mettent en place le crédit et le prêt à intérêt sous Hammourabi. Ceux-ci, comme les Grecs ou même les Romains, voient leur système économique respectif se développer avec les premières banques.

Un autre aspect de la gestion mérite d'être ici mentionné. L'anthropologue anglais Jack Goody a souligné l'***impact de l'introduction de l'écriture dans l'organisation*** : elle modifie notamment les rapports entre les individus, la structure de la hiérarchie facilitant par exemple la délégation de pouvoir.

2 La gestion à la fin du Moyen Âge

La fin du Moyen Âge se caractérise par le développement du commerce, particulièrement à Venise et à Florence. Aux villes de foire (en Champagne notamment) s'ajoutent bientôt des marchands, négociants ou banquiers qui sillonnent l'Europe.

Il paraît difficile de parler au Moyen Âge d'un savoir de gestion. Tout au plus trouve-t-on quelques « manuels du commerce [qui] énumèrent et décrivent les marchandises, les poids et les mesures, les monnaies, les tarifs douaniers, les itinéraires » (Le Goff). Les manuels comptables n'existent pas encore, le premier en partie double ne sera publié par Pacioli qu'en 1494. Dans ces conditions, nous nous limitons ici à montrer comment certaines problématiques ont pu exister dès cette époque. Au niveau comptable, il est probable que la partie double se soit développée à Florence au début du XIVe siècle.

La tenue des comptes et la correspondance commerciale font encore partie des activités ordinaires de l'homme d'affaires. De cette pratique, on devine un signe de pouvoir : ***celui qui tient les comptes, c'est aussi celui qui détient le pouvoir***. Seul ce dernier peut comprendre toute l'ampleur des affaires traitées. Dans ces conditions, l'éducation est déterminante pour les futurs négociants.

La nécessité de voyager à travers l'Europe pour le grand commerce ne va pas sans risques. Pour les limiter, les banquiers italiens inventent la lettre de change qui remplace progressivement les contrats signés devant notaire. Les marchands peuvent désormais se rendre de place en place et, à l'aide d'une simple lettre, retirer à leur arrivée l'argent dont ils auront besoin. Cette invention ouvre la possibilité d'une nouvelle activité économique, celle de la ***finance***.

À côté de cette dernière qui reste l'apanage d'une petite minorité, l'artisanat se développe progressivement et s'organise en corps de métiers, notamment dans les grandes villes comme à Paris. Néanmoins, à l'intérieur de chaque métier, la division du travail demeure encore timide. Les ***corporations*** commencent à se mettre en place au Moyen Âge. Elles consistent à regrouper les membres d'une même profession dans un seul corps qui codifie ses règles d'exercice et d'accès.

L'organisation en corporations limite le jeu de la concurrence. On retrouve néanmoins cette dernière dans les procédures d'accès aux corporations ou dans les métiers dits libres (professions échappant au régime de la communauté) qui parfois viennent concurrencer les métiers organisés.

Une question qui se pose à tout marchand est celle du ***temps***. À une époque où le poids de la religion est prédominant, la définition de l'année est encore floue. Il en va de même pour la définition de l'heure. Le temps de travail, en particulier dans le monde agricole, prépondérant à ces époques, dépend étroitement de la clarté du jour et même des intempéries. L'introduction d'horloges qui sonnaient des heures égales dans l'Italie du XIVe siècle vient se substituer aux heures qui s'accordaient aux saisons. L'heure d'hiver était donc plus courte que celle d'été. « À l'heure des clercs, succédait l'heure des hommes d'affaires » résume Le Goff [2001] (p. 103). Pour autant, au XVIIIe siècle, un commis marseillais indiquera encore commencer sa journée avec le jour.

Une des spécificités du Moye Âge reste assurément le ***rapport entretenu avec le travail***. Ce dernier apparaît comme une punition, alors que l'oisiveté est au contraire un comportement associé à l'état du religieux en prière. Cet état de fait rappelle qu'au-delà du seul contexte économique, le développement de la gestion va de pair avec une valorisation du travail qui ne s'affirmera nettement qu'après la Révolution française.

3 La gestion à la fin de l'Ancien Régime

Le contexte économique

Le paysage économique de l'Ancien Régime diffère évidemment de celui que nous connaissons aujourd'hui. Il faut d'abord mentionner la place de l'agriculture qui occupe la majeure partie de la population. On retrouve au bas l'échelle du commerce des commerçants sur les marchés d'abord puis dans les boutiques dont l'essor remonte au début du XVIIe siècle. Les négociants font aussi du commerce, mais à une plus grande échelle. On les rencontre au XVIIIe siècle dans les grandes villes portuaires que sont Marseille, Bordeaux, Nantes Saint-Malo ou Le Havre. Pour autant, les négociants étaient déjà présents dans l'Europe du Moyen Âge.

Parallèlement et ce dès le Moyen Âge, il existe une industrie naissante : les mines, la construction, l'horlogerie l'illustrent parfaitement. Au XVIIe et XVIIIe siècles, de nouvelles industries apparaissent : les glaces avec la Compagnie française des Indes en 1664, la manufacture royale de Saint-Gobain en 1665, la manufacture de Sèvres en 1740 en sont des exemples célèbres et importants du fait de leur taille. Les manufactures de dimensions plus réduites se multiplient aussi à partir de cette période, comme celle des toiles de Quintin, créée en 1650. Le XVIIIe siècle accélérera l'évolution du secteur textile. L'industrie sidérurgique connaît une évolution similaire : la concentration des sites devient patente à la même époque.

Au XVIIIe siècle, les choses ont finalement peu changé. Si de nouvelles organisations sont apparues, toujours plus grandes (Saint-Gobain, la Compagnie des Indes, etc.), il ne semble pas qu'il y ait eu de grands changements. Toutefois, les archives plus conséquentes permettent néanmoins des études plus fournies des pratiques de gestion.

Au niveau comptable, l'Ordonnance de Colbert de 1673 rend obligatoire la tenue des comptes pour tout commerçant. En dépit de sanctions potentiellement très lourdes, la plupart des petits commerçants se bornent, le plus souvent, à tenir une comptabilité en recettes/dépenses. Les premières industries (mines, textile, etc.) se fondent sur le modèle de l'Administration Royale et tiennent leurs comptes en partie simple alors que le négoce utilise couramment la partie double. Il faut dire que le nombre de manuels comptables augmente sensiblement à partir du milieu du XVIIe siècle, attestant d'un intérêt plus soutenu pour cette technique.

Pourquoi les négociants tiennent-ils une comptabilité au XVIIIe siècle ?

Dès le début du XXe siècle, le sociologue allemand Sombart avait lié l'évolution de la comptabilité (développement de la partie double) et celle de l'essor du capitalisme (la révolution industrielle). Cette thèse a amené nombre d'historiens ou historiens de la gestion à questionner l'usage des comptes avant la révolution industrielle. Il s'agissait de montrer qu'avant même la révolution industrielle, certains (les négociants en l'occurrence) tenaient leurs comptes en partie double, ce qui affaiblirait la thèse de Sombart.

Plusieurs recherches récentes viennent éclairer l'usage de la comptabilité. Dans une économie où les paiements au comptant sont rares (tant dans le petit commerce que dans le négoce), la comptabilité sert d'abord à vérifier les créances et les dettes. Le calcul du profit apparaît secondaire dans une économie où il n'y a pas de séparation claire entre contrôle de l'entreprise et pouvoir de direction. Ne pas calculer le profit peut même s'avérer rationnel chez les métayers pour diminuer les sommes dues aux propriétaires terriens.

D'après Y. Lemarchand, C. McWatters et L. Pineau-Defois (2011), « Comptes et récits de la maison Chaurand, retour sur les liens entre comptabilité et capitalisme », *Actes des XVIe Journées d'Histoire de la Comptabilité et du Management*.

À la fin de l'Ancien Régime, l'essentiel de l'activité économique se résume encore au commerce (marchand ambulant ou boutiquier) et à l'agriculture. L'utilisation des techniques de gestion y est des plus limitée car l'alphabétisation est encore faible. Par exemple, les boulangers parisiens utilisent, pour chaque client, un petit bâton de bois, que l'on entaille à chaque achat de pain. Cette pratique est dite de la taille. Le client et le commerçant disposent de leur bâton et, à la fin du mois, chaque partie vérifie le montant dû. Au niveau agricole, la plupart des exploitations ont pour première finalité l'autoconsommation. C'est seulement dans les plus grandes, qui vendent une grande partie de leur production, que l'on trouve trace de livres de comptes.

Au XVIIIe siècle également, ***la finance*** s'est développée. Si le niveau d'instruction reste faible – notamment au niveau mathématique –, on voit apparaître des livres de calcul donnant la solution d'opérations simples à l'aide de tables : le plus connu est celui de Barrême (qui donnera le nom commun barème). Le nombre important de rééditions atteste des préoccupations en matière de calcul d'intérêt ou d'opérations de change, notamment dans le négoce.

Les autres disciplines de la gestion n'ont pas encore de champ de savoir clairement constitué. Ceci s'explique assez bien : comme le rappelle Mathieu De la Porte, « la science des négociants [NDLA : la gestion dans son sens actuel] consiste, 1° à connaître toutes les circonstances, les choses dont ils font commerce, 2° à savoir faire les écritures nécessaires, pour conduire ce commerce dans un ordre, qui en donne une parfaite connaissance en tout temps ». La première catégorie désigne des savoirs qui s'acquièrent par la seule pratique car ils sont spécifiques à chaque activité : la nature des marchandises, les techniques de vente, le choix des débouchés, autant d'éléments (constituant la plus grande partie de ce que nous nommons aujourd'hui la gestion) qui paraissent trop fluctuants pour s'apprendre *via* des cours ou des manuels. La deuxième catégorie concerne, au contraire, les techniques, autrement dit la finance et la tenue des livres qui peuvent s'apprendre au moins partiellement *via* les manuels ou les cours.

Prenons l'exemple de la gestion des ressources humaines dans les comptoirs marseillais. Les recrutements des commis et employés se font dans la famille ou dans les réseaux des négociants. Par ce biais, ces derniers s'assurent, *a priori*, des qualités et de la fidélité de leurs futurs employés. De même, on pourrait retrouver l'embryon d'une réflexion sur les ressources humaines dans l'industrie sidérurgique à la fin du XVIIIe siècle et sous la Révolution, ou la production la plus importante se situe dans des régions assez peu peuplées : Haute-Marne, Haute-Saône, Nièvre, Dordogne, etc. En effet, les guerres accaparant beaucoup d'individus, nombre de maîtres de forges s'inquiètent du manque d'ouvriers ou de l'importance des salaires revendiqués par ceux qui demeurent. Dans ces conditions, on voit par exemple des patrons chercher à développer un recrutement familial qui s'échelonne sur plusieurs générations.

La plupart des outils contemporains du marketing n'existent pas encore sous l'Ancien Régime. On peut juste noter le développement des petites annonces dans la gazette de Théophraste Renaudot ou celui des affiches pour indiquer par exemple la vente d'un bien immobilier.

D'autres disciplines sont alors fréquemment mobilisées pour une meilleure gestion : l'arithmétique, la géographie (pour le négoce international) ou encore le droit (droits de douanes, marchandises interdites, etc.).

Le management public sous l'Ancien Régime

La gestion de la puissance publique sous l'Ancien Régime est, à de nombreux égards, intéressante. Elle constitue notamment le principal modèle dont les grandes entreprises du XIXe siècle vont s'inspirer. En effet, l'Administration Royale partage avec les entreprises des problématiques communes : s'assurer de recettes suffisantes, mettre en place un système de délégation, gérer à distance, etc.

Un des plus connus, apparu en 1523, est assurément la séparation entre celui qui engage la dépense (l'ordonnateur) et celui qui fait le paiement (le comptable). Une autre modalité consiste dans l'organisation de la ferme générale. L'État fixait pour une durée déterminée le montant des ressources dont il avait besoin. Il confiait le soin à des personnes privées (les fermiers généraux) d'effectuer la collecte de l'impôt et des taxes. Les abus auxquels ce système donna lieu entraînèrent sa suppression sous la Révolution. Mais ce système dit d'affermage préfigure les pratiques d'externalisation.

En outre, l'organisation du travail dans l'Administration Royale n'est pas sans présenter quelques originalités. Il n'existe pas encore d'administration au sens actuel du terme. Les commis travaillent dans des bureaux qui sont situés à Versailles s'ils dépendent du Roi ou directement dans l'hôtel du ministre dont ils relèvent personnellement. À chaque changement de ministre, on assiste donc à des déménagements et au déplacement éventuel du personnel. En outre, le fait de travailler à son bureau n'est en rien une obligation : nombre de commis travaillent chez eux. Sous la Révolution, la tentative d'introduction d'une discipline de travail moderne dans le service comptable du ministère des Finances mettra en évidence les nombreuses résistances des commis.

Les techniques de gestion

Chapitre 2

Le mot gestion renvoie d'abord à un ensemble de techniques (comptable, financière ou de marketing). Ce chapitre retrace l'apparition d'un certain nombre d'entre elles. Leur développement est indissociable de celui de la grande entreprise qui naît au XIXe siècle.

1 Organiser la production (XIXe siècle)

La naissance de la grande entreprise au XIXe siècle

Il existe aux XVIIe et XVIIIe siècles de grandes organisations qui s'apparentent à de grandes entreprises : la Compagnie des Indes, celle de Saint-Gobain ou la manufacture de Sèvres. Ces entreprises sont encore rares et de taille encore modeste. Si l'on prend l'exemple de Saint-Gobain, elle se compose de 1 200 salariés à la fin du XVIIIe siècle, 1 600 en 1830, un peu moins de 6 000 en 1867, plus de 12 000 en 1912. Au XIXe siècle, les grandes entreprises sont à la fois beaucoup plus nombreuses qu'au XVIIIe siècle et de taille plus importante.

Commençons par un point terminologique : le terme « entreprise » n'est pas encore utilisé dans son sens actuel (pas plus que le terme d'« organisation » d'ailleurs). On parle alors de banques, d'industries ou de commerces. Comme si les problématiques de ces dernières étaient encore trop spécifiques pour permettre une doctrine commune, la gestion.

La première révolution industrielle au début du XIXe siècle favorise le développement de certains secteurs : la machine à vapeur, le textile et la métallurgie. Certaines entreprises comme Lafarge dans les matériaux de construction (1833) ou Schneider dans la métallurgie (1836) existent encore de nos jours. D'autres, comme la manufacture de toile de Jouy (1760) dirigée par Oberkampf, ont aussi marqué leur époque.

La deuxième révolution industrielle à la fin du XIXe siècle met en avant de nouveaux secteurs : l'électricité, les chemins de fer, le pétrole, la chimie ou la sidérurgie. De nombreuses entreprises industrielles créées à cette époque se sont largement développées depuis : Michelin (1889), Peugeot (1896), Renault (1898) ou Air Liquide (1902). C'est aussi l'époque où se multiplient les compagnies privées de chemin de fer.

La fin du XIXe siècle est également marquée par le développement de grandes entreprises de services. Dans le domaine bancaire, le Comptoir National d'Escompte de Paris (1848), ancêtre de BNP Paribas, le Crédit Lyonnais (1863), qui fait aujourd'hui partie du groupe Crédit Agricole, ou la Société Générale (1864) voient le jour. En 1853, naît la Compagnie générale des Eaux à Lyon, plus connue aujourd'hui sous le nom de Veolia Environnement. Le commerce est également concerné avec l'apparition des grands magasins : À la belle jardinière (1824), ou Le Bon Marché (1838) lequel servira de modèle à Zola pour son roman *Au bonheur des dames*. Si ces deux entreprises commerciales sont créées dans la première moitié du XIXe siècle, c'est seulement dans la deuxième moitié du même siècle qu'ils deviendront de grands magasins.

Au XIXe siècle, la gestion va remplir trois grandes fonctions : il faut d'abord assurer le financement de masse des grandes entreprises. Ensuite, les industries doivent s'assurer d'un contrôle suffisant de la main-d'œuvre, notamment au niveau de la production. Enfin, l'arrivée des grands magasins modifie les méthodes de vente.

■ *Financer la production*

L'apparition de la grande entreprise implique pour celle-ci d'avoir recours à un financement beaucoup plus important qu'au XVIIIe siècle. C'est la première conséquence de cette évolution : il faut trouver aussi bien des associés que des prêteurs. Au XVIIIe siècle, le financement des mines par exemple est encore essentiellement le fait de nobles puissants dont la richesse personnelle est suffisante pour détenir l'ensemble du capital. Dans des entreprises de taille plus importante, on trouve plusieurs associés comme par exemple à Saint-Gobain. Néanmoins, l'idée de gestion financière est encore lointaine : au XVIIIe siècle par exemple, les associés empêchent encore les dirigeants de Saint-Gobain de s'endetter.

La constitution de sociétés plus conséquentes d'une part et la Révolution d'autre part contribuent à modifier l'actionnariat des sociétés. Dès le début du XIXe siècle, la grande bourgeoisie (parisienne notamment) commence à se regrouper pour prendre le contrôle de plusieurs industries. Ce sera les débuts de la banque d'affaire, c'est-à-dire une banque qui investit directement dans le capital des entreprises. Les prises de participation dans les mines seront ainsi particulièrement importantes.

Il faut signaler qu'au début du XIXe siècle, si la Bourse de Paris existe, elle n'est pas encore un moyen de financement des entreprises. Créées en 1724, certaines sociétés y sont cotées (comme la Compagnie des Indes), mais l'essentiel des titres en circulation est constitué par les rentes de l'État.

Il faut également reconnaître que le cadre juridique ne favorise guère le financement. Le Code de commerce de 1807 limite fortement le recours aux sociétés par actions. ***Les sociétés en commandites par actions*** (forme juridique originale qui sépare les associés en deux catégories : d'un côté les commanditaires qui apportent les capitaux et ne sont responsables qu'à concurrence de ceux-ci et, de l'autre, les commandités, désignés par les premiers pour gérer la société et qui sont à ce titre responsables sur leurs biens propres) sont certes autorisées, mais la création des sociétés anonymes dans lesquelles la responsabilité des associés est limitée à leurs apports demeure soumise à l'autorisation gouvernementale. Les premières prévoient en effet la responsabilité des commandités (c'est-à-dire de ceux qui gèrent l'entreprise), alors que la responsabilité des associés des Sociétés Anonymes est limitée à leur apport. La crainte d'une multiplication d'escroqueries financières guide évidemment ce choix. Le nombre de SA créées entre 1807 et 1867 est donc très limité (une vingtaine par an en moyenne jusqu'en 1867). La loi de 1867 supprime l'autorisation, favorisant ainsi le ***développement des Sociétés Anonymes*** : on observe ainsi 191 créations de SA en 1868 et 895 en 1900. À l'inverse, les créations de commandites par actions qui culminent jusqu'à plus de 400 dans les années 1850 reviennent à la fin du XIXe siècle à une centaine par an.

Les sociétés pouvant faire appel public à l'épargne (c'est-à-dire cotées en bourse) se voient dotées de nouvelles obligations avec la loi de 1867 : les comptes doivent être publiés et audités par un commissaire aux comptes. Néanmoins, l'absence de professionnalisation de ces commissaires conduit nombre d'entreprises à choisir des individus ayant peu de connaissances comptables ou trop de proximité avec les dirigeants pour auditer leurs comptes.

La constitution de grandes banques (CNEP en 1848, Crédit Lyonnais et 1863 et Société Générale en 1864) modifie l'activité de banques d'affaires. En 1913, elles figurent parmi les sept plus grandes banques européennes selon le total de leur bilan. La particularité de ces banques est notamment de professionnaliser leurs investissements. Dans un siècle où les pratiques comptables ne sont pas encore normalisées, certaines comme le Crédit Lyonnais mettent en place des tableaux de retraitement qui visent à comparer les bilans et les comptes de résultat sur une même base. Cela doit permettre ensuite aux banques de prendre des décisions plus rationnelles. C'est l'embryon d'une ***analyse financière***. Le poids de ces banques est important, notamment dans l'émission d'actions ou d'obligations nouvelles. Pour inspirer confiance aux investisseurs, les entreprises publient des listes de premiers souscripteurs où les noms des grandes banques sont évidemment très recherchés.

L'activité de la Bourse augmente fortement à partir du milieu du XIXe siècle : les banques et les chemins de fer représentent chacun environ un tiers des capitaux cotés. La fin du XIXe siècle est marquée par une démocratisation des placements boursiers, encouragée notamment par la diminution du nominal des actions, laquelle facilite l'accès des petits investisseurs. Cela ne va pas sans poser des problèmes d'organisation. D'un côté, on retrouve le ***marché officiel***, le Parquet, qui s'organise autour d'agents de change nommés par l'État. Les garanties offertes par ce marché le rendent plus sûr, mais la ***coulisse***, un marché parallèle, propose d'introduire des produits plus risqués, notamment les obligations d'État de pays jugés plus lointains (Russie, Égypte, etc.). Pour autant, le financement par actions ne constitue encore pour les entreprises qu'une source marginale. Le recours à la dette permet seulement de compléter leur financement, notamment dans le cas des chemins de fer.

Évolution du nombre de valeurs françaises et coloniales à la cote officielle de Paris

	1830	1848	1850	1861	1869	1880	1890	1900
Dettes publiques	6	14	11	19	27	46	60	57
Obligations	3	20	22	67	100	144	160	209
Actions	41	57	61	67	141	276	304	286

(Source : Lagneau-Ymonet et Riva, 2012, p. 32)

Les marchés à terme (marché où les règlements se font à une échéance ultérieure, prévue à l'avance de celle où les transactions sont conclues) apparaissent également en France à la fin du XIXe siècle suite à la loi de 1885 autorisant leur existence. Les volumes sont encore limités, ils ne deviendront significatifs qu'à partir de la fin des années 1970.

Un des grands changements conceptuels qui touche la finance à la fin du XIXe siècle tient assurément à la prise en compte de la valorisation comptable dans les décisions financières plutôt que dans la valeur nominale des actions. Elle traduit l'émergence d'une certaine confiance dans les documents transmis par les entreprises et préfigure le développement du calcul financier (rentabilité des actifs, etc.).

■ *Contrôler la production*

Si les industries doivent parvenir à recueillir suffisamment de fonds en amont, elles doivent ***produire en grande quantité***. Le premier problème que vont connaître nombre d'entre elles porte évidemment sur le ***recrutement de la main-d'œuvre***. L'exemple de l'industrie sidérurgique sous la Révolution et l'Empire fournit un bon exemple de ces difficultés. Majoritairement implantées dans des départements ruraux (Ardennes, Dordogne, Haute-Marne, Nièvre et Vosges), les forges ont des difficultés à embaucher suffisamment d'ouvriers. Le bassin d'emploi est déjà limité, ce dont se plaignent amèrement certains maîtres de forge. Les guerres ajoutent évidemment aux difficultés. Face à ces problèmes, les forges cherchent à développer des réseaux parmi leurs ouvriers pour engager les membres d'une même famille.

Le XIXe siècle, c'est aussi le siècle où ***l'organisation du travail change radicalement*** avec la disparition progressive du *putting out system*. Ce système permettait à des ouvriers de certains secteurs (textile ou coutellerie par exemple) de travailler à domicile. Des négociants (pour certains, de futurs industriels) leur commandaient ou leur rachetaient simplement leur production. L'outil de production appartenait aux ouvriers eux-mêmes pour les plus fortunés ou était loué par les négociants. Pour éviter le déséquilibre dans la négociation du prix entre négociants et ouvriers, ces derniers confiaient parfois leur production à un tâcheron, élu par ses pairs, pour les représenter auprès des négociants. Ce mode d'organisation de la production survit jusqu'au début du XXe siècle dans certaines régions (le textile dans l'Indre ou la coutellerie à Thiers).

La multiplication des manufactures, fabriques et autres usines d'une part et l'exode rural d'autre part impliquent une nouvelle gestion de la main-d'œuvre à partir du XIXe siècle. Les ouvriers sont alors embauchés à la journée, la majeure partie d'entre eux conservant un peu de terre qu'ils cultivent. On parle alors de paysans-ouvriers, c'est-à-dire de paysans venant travailler à l'usine une partie de l'année seulement. Le revenu de l'usine sert d'appoint, particulièrement en hiver. La hiérarchie cherche alors à inciter les travailleurs à venir travailler régulièrement en instaurant par exemple des primes d'assiduité (dont l'efficacité est longtemps douteuse).

Réglementation sur la pollution et développement industriel

Le décret du 15 octobre 1810 remplace les réglementations locales de l'Ancien Régime. S'il est précurseur (la première réglementation anglaise ne date que de 1848), il n'en est pas moins très limité. La définition de la pollution industrielle est très restrictive : elle est assimilée à la seule odeur en oubliant les rejets gazeux, les fumées ou les eaux polluées. De plus, les mécanismes d'autorisation d'installation des établissements privilégient l'autorité de l'État, plus sensible aux intérêts des industriels que les élus locaux qui auraient pu intégrer les réserves des riverains. Enfin, les seules compensations aux nuisances sont pécuniaires, empêchant la destruction ou le déplacement d'usines trop polluantes près d'habitations.

D'après Massard-Guilbaud [2009], p. 17-52.

La gestion de la main-d'œuvre des employés et des contremaîtres est différente. Leur contrat est à long terme et leur salaire fixe et mensualisé. Les décisions de recrutement, de promotion ou d'augmentation des salaires sont encore prises au niveau du siège, sur proposition du secrétaire général et après approbation du Conseil d'administration. Les différents éléments relatifs à la carrière d'un ouvrier (nom, prénom, poste, date d'embauche et salaires) sont alors consignés dans les registres du personnel que tiennent les services comptables (la fonction personnel n'existant pas encore).

C'est aussi dans ce contexte que se met en place le ***paternalisme***. Ce dernier se développe dans la deuxième moitié du XIXe siècle. Son étymologie même nous renseigne sur sa nature : il consiste à considérer le patron comme un père pour l'ouvrier. Il amène avec lui un certain nombre de progrès sociaux, mais place aussi les ouvriers dans une relation de dépendance.

Le paternalisme prend concrètement plusieurs formes : des logements ouvriers loués à bas prix (le familistère Godin) avec éventuellement des jardins ouvriers, des crèches d'entreprise pour permettre aux épouses de travailler (Michelin), des hôpitaux (manufacture Bapterosses à Briare), des écoles qui formeront les futurs employés (Schneider), des caisses de retraite (Saint-Gobain) sans parler des commerces possédés par les entreprises aux alentours des usines, etc. Ces différents services ont plusieurs fonctions : ils doivent contribuer à asseoir chez l'ouvrier un sentiment d'appartenance à l'entreprise, ils doivent d'une part diminuer l'influence des syndicats en cours d'émergence et d'autre part, permettre à l'ouvrier de se concentrer sur son travail.

Le paternalisme, c'est aussi l'époque des villes-usines dont Michelin à Clermont-Ferrand et Schneider au Creusot sont des symboles forts. L'histoire de ces villes est similaire : une industrie se développe à une telle vitesse qu'une proportion très importante de la population travaille bientôt à l'usine car celle-ci offre sécurité et permanence de l'emploi, outre des salaires généralement plus élevés. Dans ces conditions, l'entreprise en question acquiert souvent une influence décisive sur la vie quotidienne. L'exemple du sort d'un ouvrier récalcitrant au Creusot jette une autre lumière sur les buts sous-jacents du paternalisme. Syndicaliste renvoyé, il crée un commerce dont Schneider organisera la faillite. Le paternalisme se caractérise également par des pressions politiques envers les opposants. Les journaux d'opposition s'achètent ainsi en catimini.

Les motivations du paternalisme sont nombreuses : d'un côté, il y a évidemment l'émergence du catholicisme social (symbolisé par l'Encyclique *Rerum Novarum* de Léon XIII) et de l'autre, la montée de mouvements sociaux qui se traduisent politiquement (mouvement socialiste) et syndicalement. Pour des motifs différents, les deux vont dans le même sens : les ouvriers doivent être mieux traités. Il y a débat – qu'il ne s'agit pas ici de trancher – entre les historiens qui voient dans le paternalisme un moyen concret de fidéliser la main-d'œuvre ouvrière et ceux qui y voient un mouvement essentiellement culturel.

Le contrôle de la production ne se limite pas à la question de la main-d'œuvre, si importante soit-elle. Le XIXe siècle est également marqué par l'apparition du ***calcul de coût***. Jusque-là, la comptabilité remplissait plusieurs fonctions : suivi des créances et des dettes dans le commerce, moyen de preuve en cas de contestation ou de faillite ou instrument de décision afin de partager entre les associés les éventuels profits. L'apparition de l'industrie amène à se poser de nouveaux problèmes : d'une part, l'investissement est assez élevé et se situe à long terme, ce qui implique des financements importants. D'autre part, il suppose une multitude d'opérations et il n'est pas toujours facile d'estimer la rentabilité de l'opération. Dans le contexte concurrentiel du XIXe siècle, nombre d'industries calculent le coût de leurs opérations, à la fois avant et pendant l'investissement.

La stratégie de croissance de Saint-Gobain

Au XIXe siècle, l'augmentation de la taille des entreprises amène certaines d'entre elles à avoir des parts de marché très importantes. C'est par exemple le cas de Saint-Gobain qui a hérité du XVIIIe siècle une position dominante dans les glaces puis dans la chimie au XIXe siècle. Face à la fin du monopole, Saint-Gobain va mettre en place des stratégies originales pour conserver une position concurrentielle favorable.

Cette stratégie passe d'abord par les fusions et les ententes au niveau national. Le rachat de son principal concurrent national dans les glaces, Saint-Quirin, échoue d'abord en 1829, puis se met en place entre 1855 et 1858. Il en va de même avec Perret-Olivier en 1871 dans la chimie. Elle passe aussi par des ententes avec certains concurrents, comme Saint-Quirin. Des tarifs communs sont adoptés après 1843 pour empêcher l'émergence de concurrents nationaux.

Après 1850, Saint-Gobain met progressivement en place une stratégie d'implantation internationale. Des sites de production en Allemagne essentiellement sont installés pour faciliter l'ouverture de nouveaux marchés. Ces nouveaux sites permettent de contourner les barrières douanières qui, si elles freinent l'expansion internationale, protègent le marché français de Saint-Gobain.

D'après Daviet [1988], p. 145-209.

Assurer les débouchés

Jusqu'à la fin du XIXe siècle, les procédés de vente sont encore très classiques. Les industries vendent leurs produits à d'autres industries ou à des petits commerçants. Ces derniers achètent de petites quantités qu'ils essaient d'écouler avec une marge maximale. Il en résulte des prix élevés et des ventes modestes qui, s'ils font vivre quelques commerçants, ne laissent aux petits commerçants que de faibles revenus.

L'apparition des grands magasins (à Paris puis dans les grandes villes de province) à la fin du XIXe siècle va bouleverser ces méthodes de vente. Leur surface est évidemment plus importante que celle des boutiques traditionnelles, ce qui leur permet notamment de diversifier leur offre. Le Bon Marché commence ainsi dans les années 1850 par l'habillement et les nouveautés. Viendront dans les décennies suivantes la maroquinerie, les tapis, la mercerie, l'ameublement et même la literie. L'organisation est à chaque fois similaire : le magasin se décompose en un certain nombre de comptoirs spécialisés selon les marchandises. Le chef de comptoir bénéficie d'une grande liberté. C'est lui qui s'occupe du réassortiment ou de la fixation des prix en fonction du goût des clients qu'il peut facilement apprécier. Chaque chef de comptoir est aidé par des vendeuses qui conseillent les clients. Une fois la vente conclue, la vendeuse accompagne le client directement à l'une des nombreuses caisses, ce qui limite le temps d'attente.

La stratégie marketing menée est alors simple : ***la marge sur chaque produit est réduite pour augmenter le volume des ventes***. En contrepartie, le roulement des stocks doit être important pour permettre de réaliser un bénéfice important. Les chefs de comptoir n'hésitent pas, au besoin, à vendre des produits sans bénéfice (voire avec une légère perte) pour permettre un réassortiment des produits les plus demandés.

Les techniques de communication des entreprises se modernisent à la fin du XIXe siècle. La publicité ne se résume plus à des petites annonces dans les journaux. Ainsi apparaissent les offres publicitaires, avec dessins et illustrations, mais la presse demeure la forme la plus usitée du développement de ce processus. La publicité financière se développe dès les années 1840 en proposant aux particuliers d'investir dans leur entreprise. Les sociétés de chemins de fer seront à la pointe de cette pratique. En 1835, apparaît le premier journal gratuit, *Le Tam tam*, totalement financé par la publicité.

Une autre innovation en matière de communication vient encore une fois des grands magasins qui proposent des ***catalogues*** : Le Bon Marché ou Le Louvre notamment privilégient dès la fin du XIXe siècle ce mode de publicité qui leur permet d'exposer plus complètement leurs produits.

La fin du XIXe siècle, c'est enfin l'âge d'or des ***affiches*** notamment à Paris. Les plus célèbres sont sûrement celles de Toulouse-Lautrec. Elles servent à faire la promotion des théâtres et cabarets, mais aussi de produits plus conventionnels comme la bicyclette. En 1900, la mise en place du métro à Paris augmente la surface disponible pour ce mode de promotion.

Une stratégie marketing originale : la parfumerie au XIXe siècle

Le prix des parfums est assez élevé au XIXe siècle. Dans un premier temps, cela s'explique par des coûts importants : le parfum nécessite en effet la recherche d'essences rares. Le développement des corps odorants artificiels dans les années 1870, puis de la parfumerie de synthèse à partir des années 1880, permet de diminuer sensiblement les coûts. Si les grands magasins répercutent (au moins partiellement) cette baisse des coûts, nombre de petits parfumeurs maintiennent leurs prix, augmentant ainsi sensiblement leurs marges.

Les petits parfumeurs mettent ainsi en place une stratégie de différenciation : richesse des emballages et du décor sont là pour valoriser un produit de luxe qui cherche à le demeurer. La stratégie développée est donc l'exacte opposée de celle des grands magasins : vendre peu, mais avec une marge substantielle.

D'après E. Briot (2008), *La chimie des élégances. La parfumerie parisienne au XIXe siècle, naissance d'une industrie du luxe*, thèse de doctorat.

2 Organiser l'entreprise (1900-1945)

Le début du XXe siècle amplifie les mouvements précédents : de nouvelles grandes entreprises se constituent : Total (1924), Alsthom (1928) dont la naissance correspond à la fusion de plusieurs entreprises ou Air France.

Au niveau de la gestion, deux éléments marquent cette période :

- le plus connu est évidemment l'arrivée du taylorisme et du fayolisme qui bouleversent les modes d'organisation du travail ;
- l'autre nouveauté est la naissance de l'idée d'entreprise et son corollaire : l'identification des entreprises à un modèle unique. Cela signifie par exemple que le calcul des coûts se diffuse dans les grands magasins comme *À la belle jardinière*. Autrement dit, contrairement au XIXe siècle, le cloisonnement de la gestion s'estompe : les problématiques de financement ne concernent plus seulement les banques, celles du calcul du coût uniquement les industries et celles du marketing simplement les grands magasins.

L'introduction du taylorisme en France

Les écrits de Taylor remontent à 1911 et sont traduits en français dès 1912. Néanmoins, plusieurs ingénieurs français sont très tôt attirés par les premiers articles de Taylor, et Georges de Ram, ingénieur chez Renault, le met en place partiellement dès 1907. Une thèse de droit enthousiaste est consacrée au taylorisme (aussi appelé Organisation Scientifique du Travail) dès 1914. Il suscite très tôt des réserves chez les syndicats pour qui les gains de productivité obtenus profitent essentiellement aux dirigeants.

C'est dans l'entre-deux-guerres que le taylorisme se diffuse dans les entreprises. Dans de nombreux secteurs industriels (automobile, chemins de fer, construction électrique, métallurgie etc.), il se met en place dès les années 1920. Dans les bureaux même, il s'implante avec l'idée de produire l'information demandée le plus rapidement possible.

Les trente glorieuses constituent l'apogée du taylorisme, avant sa remise en cause dans les années 1970 et 1980. On lui reproche alors la rigidité qu'il induit.

Taylor, Ford, Fayol : quels points communs et quelles différences ?

Les écrits de Taylor, Ford et Fayol participent tous d'un même courant de pensée, celui du *one best way*, c'est-à-dire qu'il existe une façon structurellement meilleure que d'autres de gérer l'ensemble des entreprises. Les travaux postérieurs ont certes démenti cette ambition, mais c'est elle qui fournit le socle commun de la gestion aujourd'hui. Plusieurs de leurs conclusions sont communes : la promotion de la division du travail ou l'importance de fixer des salaires justes sont par exemple des points communs.

Des différences entre les trois auteurs existent pourtant. La première tient assurément à la fonction que chacun exerçait : Taylor était un ingénieur et ses questions touchent de très près aux difficultés que rencontrent au quotidien les ingénieurs et les contremaîtres. À l'inverse, Fayol et Ford sont des dirigeants d'entreprise et leur propos est souvent plus large. Ainsi, Fayol s'intéresse à la structure de l'entreprise, domaine que Taylor néglige.

Même lorsqu'ils s'accordent sur certaines recommandations, les motivations peuvent s'avérer assez différentes, comme le montre la question des salaires. Taylor prône des salaires élevés *via* un salaire au rendement destiné à motiver les ouvriers. Fayol voit aussi dans le salaire un moyen d'encourager le zèle des ouvriers, mais également un impératif en matière d'équité. Ford veut des salaires élevés pour empêcher le *turn over* chez les ouvriers et favoriser la demande.

Quoi qu'il en soit des points communs et des différences conceptuelles, les entreprises ont surtout vu dans leurs écrits un impératif de changement. Ces auteurs représentent un modèle de modernité et de bonne gestion. Les pratiques des entreprises ont contribué à la confusion pouvant exister entre eux : elles n'en retiennent que certains aspects et mélangent allègrement leurs influences qui forment pour elles un ensemble cohérent et complémentaire.

Les préconisations d'organisation de Fayol et Taylor (Peaucelle [2003], p. 35)

	Travail fayolien	Travail taylorien
Contrôle des personnes	Unité de commandement Initiatives souhaitées	Multiples contremaîtres fonctionnels Pas d'initiative
Planification	Globale pour toute la période de travail	Détaillée pour la succession des tâches
Préoccupation principale	Sécurité et prix de revient	Productivité
Méthode de travail	Libre	Imposée

■ *Contrôler l'entreprise*

Le contrôle dans l'entreprise passe au début du XXe siècle par quatre moyens :

- le contrôle de gestion qui s'autonomise clairement de la comptabilité ;
- la gestion des ressources humaines ;
- la gestion de la production ;
- et enfin, la gestion des filiales.

a) L'affirmation du contrôle de gestion

Le début du XXe siècle est évidemment marqué par ***la diffusion du calcul des coûts*** dans de nombreuses entreprises. Il permet par exemple de prendre des décisions d'investissement. Calculer un coût, c'est en effet une première estimation de la rentabilité de chaque investissement. Il sert à créer dans l'entreprise un accord autour de la meilleure décision à prendre.

Le calcul des coûts devient aussi un enjeu politique, dans la mesure où il contribue à déterminer le calcul du prix de vente. La multiplication des méthodes existantes au début du XXe siècle amenant à des résultats sensiblement différents, la concurrence s'en trouverait faussée. Dès les premières années du XXe siècle, les maîtres imprimeurs essaient en vain de généraliser une méthode commune de calcul des coûts. Dans l'entre-deux-guerres, la Cégos, émanation du patronat, proposera à plusieurs reprises une méthode unique. Le but est de favoriser l'adoption d'une seule méthode pour empêcher les entreprises de se mettre mutuellement en difficulté. Le calcul des coûts devient un moyen de limiter la concurrence dans le contexte économique de la crise de 1929. Le régime de Vichy ira encore plus loin : en plus de la normalisation de la comptabilité financière, le Plan Comptable de 1942 prévoira même une méthode unifiée de calcul des coûts. Il s'agit alors d'utiliser ces techniques à des fins politiques (fixer des prix justes et empêcher une concurrence trop forte). La fin de la guerre empêchera la mise en pratique de ce plan.

Le contrôle dans l'entreprise, c'est aussi ***la mise en place des budgets*** dans les entreprises. Ces derniers ont plusieurs avantages : la planification de l'entreprise, la coordination entre les services et l'évaluation des unités. Dans les grandes entreprises, le budget permet en effet à la direction générale de déléguer à des services tout en assurant le contrôle de leur activité.

Le début du XXe siècle est également marqué par ***le développement d'outils de communication plus modernes*** : le téléphone, le télégraphe, la machine à écrire, etc. Ces nouveaux moyens modifient notamment les rapports hiérarchiques. Depuis le Moyen Âge, la délégation était d'abord le résultat d'une relation de confiance entre deux individus. Le terme de facteur (qui venait du verbe faire) ou plus tard de commis (qui venait du verbe commettre) traduisait ce lien. L'apparition des outils de communication moderne modifie cette relation dès la fin du XIXe siècle aux États-Unis et dans l'Entre-deux-guerres en France. Désormais, les dirigeants peuvent exiger des retours plus réguliers sur l'activité des sites éloignés du siège de l'entreprise. En cela, l'apparition de ces nouveaux instruments facilite l'organisation de la grande entreprise moderne.

b) Le contrôle du personnel

Le taylorisme, c'est d'abord une façon renouvelée de poser la question de la gestion du personnel. Dans ses écrits, Taylor propose un système qui se veut avantageux pour les patrons et pour les ouvriers. Pour les premiers, il met l'accent sur l'augmentation de la productivité et pour les seconds, il propose l'instauration de primes selon la productivité. En théorie, le système doit profiter à chacune des parties.

Le taylorisme prévoit plusieurs moyens pour améliorer la productivité. Cela passe d'abord par la ***division horizontale et verticale du travail***. La première consiste à séparer les différentes tâches le long d'un processus de production alors que la seconde prévoit de séparer les tâches de direction et de conception de celle d'exécution. Derrière la division du travail, émerge donc la conception du travail en termes de poste. On recrute désormais non plus seulement des ouvriers généralistes, mais des individus affectés à une tâche précise, les futurs ouvriers spécialisés. Cette ***spécialisation des fonctions*** est supposée entraîner une meilleure connaissance des tâches à effectuer et donc une meilleure productivité.

Pour empêcher la flânerie des ouvriers (ce sont les mots mêmes de Taylor), l'encadrement doit être renforcé afin de permettre une surveillance active. Ce principe sera traduit en France par l'apparition du contremaître qui, au quotidien, surveille le travail ouvrier. L'Organisation Scientifique du Travail (OST) passe aussi par le chronométrage des différentes tâches. Il doit permettre d'établir des standards qui correspondent au temps moyen qu'un ouvrier spécialisé doit passer sur chaque tâche. Il permet aussi de définir des objectifs de production quotidienne.

Le taylorisme ne se borne pas à une vision répressive (du moins dans les écrits de Taylor). Il prône notamment l'instauration de salaires au rendement. La mise en place des objectifs doit normalement permettre aux ouvriers productifs d'augmenter substantiellement leurs salaires.

Le taylorisme se caractérise enfin par ***l'accent mis sur les conditions de travail*** : tout doit être fait pour permettre à l'ouvrier de mieux travailler. En France, ce mouvement accompagne notamment le mouvement hygiéniste. Dans l'entreprise, il se caractérise par un nettoyage régulier des lieux de travail ou la construction de bâtiments spécifiques plus faciles à entretenir. L'argument hygiéniste rejoint celui des tayloriens : des ouvriers en bonne santé seront plus productifs. L'amélioration des conditions de travail passe aussi par des attentions plus immédiates parmi lesquelles figure notamment l'éclairage. Durant l'entre-deux-guerres, de nombreuses recherches seront entreprises pour comprendre la fameuse enquête de Mayo à la Western Electric. Ce dernier montra que l'augmentation de la productivité n'était pas tant liée à l'amélioration de l'éclairage qu'à l'attention et la considération portées aux salariées.

En pratique, les différents principes du taylorisme ont rarement été appliqués simultanément par les entreprises françaises dans l'entre-deux-guerres. Les salaires au rendement ont notamment été peu appliqués, nombre d'entreprises continuant à privilégier une négociation au cas par cas entre ouvriers et contremaîtres. D'une façon générale, le patronat français voit dans le taylorisme un moyen d'augmenter les rendements, mais pas les salaires. Il s'ensuivra évidemment une incompréhension durable que l'on retrouve dans la succession de lois sociales dans la première moitié du XXe siècle.

Face à l'affirmation du pouvoir patronal, ***l'embryon d'un droit social*** se constitue : au XIXe siècle, les lois concernent essentiellement le travail des femmes et des enfants (1841, 1874 et 1892) ainsi que les syndicats (1884). À partir du tournant du XXe siècle, le droit s'immisce dans le contrat de travail, considérant que les deux contractants ne se situent pas sur un pied d'égalité. Ce sont d'abord sur les conditions de travail que le législateur interfère. Ainsi, en 1898, une loi rend responsable les entreprises en cas d'accidents du travail. En 1900, la loi dite des sièges oblige notamment les grands magasins à octroyer une chaise aux vendeuses. Le droit intervient aussi au niveau de la durée du travail. Le dimanche devient férié en 1906 et la journée de travail est limitée à huit heures en 1919. Le Front Populaire limitera la semaine à 40 heures en 1936 tout en instaurant 15 jours de congés payés. La réduction du temps de travail explique donc en partie l'attrait du taylorisme pour les entreprises : il vise à rendre le temps de travail plus productif.

Les conventions collectives, créées en 1919, voient leur contenu précisé par le Front Populaire (1936). La négociation entre le patronat d'une branche et l'organisation syndicale la plus représentative doit notamment porter sur les salaires minima, le délai-congé (on parlerait aujourd'hui de préavis de licenciement) et l'organisation de l'apprentissage. Ces accords ne peuvent contrevenir à la loi. Il s'agit concrètement de permettre aux salariés d'introduire un rapport de force avec leur employeur leur permettant de conquérir de nouveaux droits.

Le début du XXe siècle est également marqué par ***l'émergence d'une fonction personnel***. Cette dernière supplée le secrétaire général. La direction du personnel apparaît au Crédit Lyonnais en 1920, à la fois pour prendre en compte les évolutions législatives et pour freiner les mouvements sociaux en expansion. Outre la gestion des carrières (recrutement, salaires, primes, avancement et licenciement), cette nouvelle fonction s'occupe également des œuvres dédiées au personnel (scolarisation et hôpital, etc.).

c) La gestion de production comme mode de contrôle

L'influence du taylorisme dépasse le simple cadre du contrôle de gestion et de la gestion du personnel. Il introduit les premiers éléments d'une ***gestion de la qualité***. Cette dernière s'appréhende par rapport à des objectifs techniques (et pas encore commerciaux). L'accent est donc mis sur la conformité de la fabrication par rapport aux objectifs préalablement définis : des produits sont donc prélevés tout au long des chaînes de production pour s'assurer de leur conformité et des statistiques en sont tirées. Elles permettent soit de s'assurer du bon fonctionnement de l'usine, soit de détecter d'éventuels dysfonctionnements en les localisant. L'usage des statistiques correspond bien évidemment à la logique scientifique du management taylorien.

La division verticale du travail tend à isoler une hiérarchie qui se voit attribuer des tâches bien précises et notamment celles relatives à l'ordonnancement des tâches. Il s'agit de minimiser le temps de production à l'aide du ***planning***, c'est-à-dire grâce à une organisation rationalisée du travail. Cela aboutit notamment à l'introduction d'outils comme le diagramme de Gantt. Ce dernier est un graphique qui permet de visualiser l'avancement des tâches dans le temps (abscisse), poste par poste (ordonnée).

d) Le contrôle des filiales

À partir du début du XXe siècle, les grandes entreprises commencent à créer des filiales. Les objectifs sont multiples : il peut s'agir de spécialiser une entité sur une fonction précise tout en en conservant le contrôle. C'est le cas, par exemple, de Saint-Gobain qui crée la SEVA (Société d'Étude Verrière Appliquée), qui conçoit des machines pour les verreries.

Les objectifs sont parfois différents. Les ***filiales de commercialisation*** à l'étranger sont courantes au début du XXe siècle. Il s'agit souvent d'alliances avec des concurrents français ou étrangers voulant s'implanter dans tel ou tel pays. La constitution de filiales communes diminue le montant de l'investissement initial et donc les risques en cas d'échec. C'est, par exemple, ce qu'ont compris Alais, Froges et Camargue (futur Péchiney) ainsi qu'un groupement de houillères qui s'allient en 1922 pour créer deux sociétés chargées de produire de l'ammoniac synthétique. Ces filiales sont parfois le prélude (comme on l'apprendra plus tard) à des ententes sur les prix ou sur les parts de marché.

La constitution de filières peut enfin procéder d'un troisième raisonnement. Une grande entreprise française profite de sa réputation pour lever plus facilement et à moindre coût des fonds. Cet argent est ensuite réinvesti dans des filiales qu'une entreprise comme Schneider considère comme rentables. Il ne s'agit pas de la détention totale du capital, mais simplement d'une prise de participation majoritaire, ce qui est un moyen d'améliorer la rentabilité des capitaux de l'entreprise tout en limitant les risques.

■ *Financer l'entreprise*

Jusqu'à la fin de la première guerre mondiale, le volume des titres cotés continue de progresser régulièrement. L'inflation des années 1920 et la préférence de l'État pour une dette à court terme rendent les titres émis par les entreprises (actions ou obligations) plus attractifs. Il s'ensuit une ***montée des cours*** durant cette période, ce qui rend le financement plus attractif que l'autofinancement. La stabilisation du franc (1928) puis la crise de 1929 qui n'arrive en France qu'en 1931 font durablement baisser les cours des actions, diminuant la confiance des investisseurs. L'autofinancement, majoritaire avant 1914, apparaît à nouveau après 1930 comme le moyen de financement le plus sûr.

Dans le même temps, les changements comptables sont peu nombreux : la comptabilité n'est toujours pas normalisée en dépit de nombreux débats durant l'entre-deux-guerres. Ce n'est qu'en 1942 qu'un premier ***Plan Comptable***, inspiré de celui en vigueur en Allemagne, sera adopté. La Libération empêchera sa mise en place mais le Plan Comptable de 1947 en restera fortement imprégné.

L'entre-deux-guerres est également marqué par les débuts des ***comptes de groupes*** (appelés aussi ***comptes consolidés***). La multiplication des filiales oblige les entreprises à réfléchir à un double bilan : celui de l'entreprise *stricto sensu* d'un côté et celui du groupe tout entier de l'autre.

C'est à ce moment qu'apparaissent les premières ***contestations actionnariales***. Il ne s'agit plus seulement de contester, comme au XIXe siècle, la gestion d'entreprises en difficultés financières mais de protester contre certaines décisions, comme celles de ne pas distribuer de dividendes en 1933 chez Saint-Gobain. Un regroupement d'actionnaires mécontents pousse l'entreprise à mettre en place l'embryon d'une ***communication financière***, c'est-à-dire une information qui dépasse les seules obligations légales en la matière. Il faut reconnaître toutefois que la mise en place de cette communication est rendue plus délicate par l'organisation d'une presse financière souvent corrompue (liens entre journalistes et milieux d'affaires, etc.).

■ *Les débuts du marketing*

Une des définitions les plus opérationnelles du marketing consiste à faire référence aux 4P qui caractériseraient la discipline : produit (*product*), prix (*price*), la promotion (*promotion*), c'est-à-dire la communication ou la publicité, et la distribution (*place*). Cet assemblage qui apparaît aujourd'hui assez évident est assez récent dans sa constitution. Ainsi, au XIXe siècle, beaucoup de ces caractéristiques sont éclatées entre différents responsables. Le cas d'une entreprise industrielle comme Saint-Gobain illustre bien ce phénomène. Le produit relève essentiellement de l'ingénieur ou de techniciens. Ce sont eux qui sont supposés connaître le mieux le produit lequel se résume à des caractéristiques techniques. Tout ce qui concerne le prix est en grande partie déterminé par le calcul de coût. Outre la conjoncture économique, les dirigeants se fondent encore largement sur ce dernier pour en fixer le prix. Les deux dernières dimensions (promotion et distribution) relèvent de la responsabilité des directions commerciales même si certaines décisions sont de la compétence des dirigeants de l'entreprise.

L'entre-deux-guerres modifie l'organisation de la vente. Plusieurs disciples de Taylor essaient dans les années 1920 de décliner sa doctrine à l'organisation de la vente. Il en sortira d'abord le principe du client roi, directement importé des États-Unis. Derrière ce principe, l'idée fait son chemin que, pour vendre, il faut confier des ***pouvoirs élargis aux services de vente***. L'exemple des grands magasins fait probablement aussi école : contrairement aux industries, les 4P sont déjà regroupés autour du chef de comptoir. L'accroissement des ventes qu'induit cette organisation pousse les industriels à doter les services commerciaux de nouvelles attributions qui touchent au produit et/ou au prix. Le développement des ***études de marché*** au début du XXe siècle en constitue par exemple une modalité. La décision de lancement d'un nouveau produit n'est plus uniquement une décision technique, cela devient aussi le résultat d'une orientation marketing de l'entreprise : on pourra désormais ne plus lancer une production techniquement au point si elle n'apparaît pas rentable. Le taylorisme appliqué au marketing se caractérise également par la mise en place d'outils statistiques destinés à mieux appréhender les réalités du marché.

Les grands magasins modifient également leur organisation commerciale. À la fin du XIXe siècle, le chef de comptoir avait des responsabilités élargies. Ce n'est bientôt plus le cas : la Belle jardinière dépossède les chefs de comptoir de leur pouvoir de décision en matière de commandes. C'est désormais au niveau de la direction que se prendront de telles décisions. Il s'agit de favoriser des commandes en plus grandes quantités pour obtenir des rabais plus importants. Ce type de stratégie est évidemment lié à la crise de 1929 qui fragilise la situation de la Belle jardinière.

Sans atteindre le dynamisme du marché publicitaire anglo-saxon, le début du XXe siècle voit la publicité se développer rapidement en France. Les secteurs vedettes sont encore le fait des commerçants (pharmacie, grands magasins, alimentation, etc.). Néanmoins, les industriels commencent à s'y intéresser. Dès avant 1914, Michelin crée ainsi le fameux Bibendum qui représente aujourd'hui encore la marque. C'est aussi l'époque où Michelin crée un service de relations publiques destiné à aider ses clients : les cartes routières (la signalisation est encore balbutiante), puis les guides rouges ou verts vont en résulter, offrant un exemple de diversification assez original.

Dans les années 1920, Citroën manifeste également son intérêt pour la ***publicité***. Son budget atteint vers 1930 les 20 millions de francs quand, par comparaison, celui de Peugeot est dix fois moindre. La croisière noire (1924) puis la croisière jaune (1931-1932) sont des moyens exceptionnels et originaux d'asseoir l'image de la marque aux chevrons. Au-delà de ces exemples connus, Citroën organise aussi en 1924-1925 les « caravanes Citroën » qui sillonnent la France pour faire découvrir les 5 et 10 chevaux.

Au niveau des formes que prend la publicité, la place de la presse reste toutefois prédominante. L'affiche devient dans l'Entre-deux-guerres un mode plus désuet alors que la publicité directe (catalogue, prospectus, lettres et imprimés à domicile, etc.) se développe.

3 L'entreprise à la découverte de la stratégie (1945-1973)

L'après 1945 ouvre une nouvelle époque pour les entreprises. L'attrait que les États-Unis ont pu exercer sur les dirigeants français grandit rapidement. Les missions dites de productivité en Grande-Bretagne et aux États-Unis à partir de 1949 et dans les années 1950 vont durablement influencer les pratiques des entreprises. L'après-guerre est aussi marqué par la naissance de grandes entreprises : Bouygues (1952), Carrefour (1960) ou Accor (1967).

■ *Planifier l'entreprise*

La naissance de la stratégie d'entreprise ne remonte évidemment pas aux trente glorieuses. La diversification de Saint-Gobain dans les produits chimiques à la fin du XIXe siècle et de Michelin dans les guides touristiques au début du XXe siècle atteste évidemment de réflexions stratégiques. La nouveauté de l'après-guerre tient en deux points : d'une part, le processus se formalise dans plusieurs entreprises où l'on voit des salariés engagés pour aider à définir la stratégie. D'autre part, les grandes options stratégiques commencent à se former (alternative diversification/recentrage ou intégration/externalisation par exemple). Il en résulte une ***institutionnalisation de la stratégie*** qui se décline explicitement à l'ensemble de l'entreprise. C'est l'âge d'or de la planification.

a) L'âge d'or de la planification stratégique

Les premiers manuels de gestion se sont longtemps concentrés sur les modalités d'organisation du travail ouvrier et employé. Le travail du chef d'entreprise était considéré comme trop complexe pour être étudié. Après avoir touché le monde ouvrier et employé, puis l'encadrement, l'impact des écrits de Taylor et de Fayol atteint après la Seconde Guerre mondiale la direction de l'entreprise. La rationalisation du travail de direction va s'opérer notamment au travers de la mise en place à partir des années 1950 de la ***planification stratégique*** dans les grandes entreprises françaises.

Les dirigeants constituent alors des services chargés de les aider à déterminer la stratégie. Concrètement, il s'agit d'analyser l'environnement pour faciliter l'élaboration d'une orientation rationnelle et efficace. On voit apparaître ainsi les premiers outils qui visent à appréhender les caractéristiques des produits et de leur environnement. La matrice BCG (*Boston Consulting Group*), apparu aux États-Unis à la fin des années 1960, en est un des exemples les plus fameux.

Matrice BCG

Croissance du marché	Star	Dilemme
Stagnation du marché	Vache à lait	Poids mort
	Entreprise leader	**Entreprise suiveuse**

C'est aussi l'époque où les grandes options stratégiques se définissent. Suite aux premiers travaux stratégiques, les choix se clarifient : la diversification (c'est-à-dire l'élargissement de son portefeuille d'activités) ou la spécialisation (c'est-à-dire la concentration sur une seule activité), l'intégration verticale (l'extension des activités de l'entreprise le long de leur filière économique) ou l'externalisation (restriction du nombre d'opérations traitées par l'entreprise).

Les trente glorieuses sont ***l'âge d'or des politiques de diversification*** pour les grandes entreprises un peu partout dans le monde. Une entreprise comme Honda se lance ainsi dans la fabrication des tondeuses à gazon, profitant de sa connaissance des moteurs. Un des exemples les plus fameux est la Compagnie financière de Suez. Suite à la nationalisation du canal par Nasser en 1956, elle bénéficie d'importantes indemnités qu'elle réinvestit dans des activités bancaires à partir des années 1960. BSN (aujourd'hui Danone) est à l'origine un groupe verrier qui, suite à l'échec du rachat de Saint-Gobain en 1968, se diversifie dans l'alimentaire (eau, biscuits, etc.) à partir des années 1970. Il faut dire que la diversification apparaît alors comme une option pertinente qui limite les risques en cas de crise sectorielle.

b) Le contrôle de gestion, comme déclinaison de la stratégie

La mise en place de la planification stratégique s'appuie sur le ***développement du contrôle de gestion.*** À partir des années 1950 et sous l'influence du modèle anglo-saxon, de nouveaux outils se diffusent : au niveau du calcul des coûts, on voit d'abord apparaître les ***coûts standards***. Il s'agit de fixer des objectifs de coût aux différents centres de responsabilité. L'intérêt du système est de permettre une comparaison entre les objectifs et les réalisations pour mieux comprendre les décalages.

Le calcul des coûts sous forme de ***direct costing*** se développe également à la même époque. Jusque dans l'entre-deux-guerres, le calcul des coûts complets était le plus répandu. L'ensemble des charges était réparti sur les différents produits vendus, de sorte à pouvoir déterminer le prix de vente. À partir des années 1950, le *direct costing* se développe. Ce mode de calcul implique de ne rattacher que les coûts variables. Concrètement, cela permet de mieux mettre en évidence la relation coût-volume-profit et, par exemple, de déterminer les seuils de rentabilité qui deviennent des objectifs opérationnels.

Les ***tableaux de bord*** apparaissent également après 1945. Les statistiques de l'entre-deux-guerres en constituaient déjà une préfiguration. Le tableau de bord consiste à évaluer la performance d'une entité à l'aide d'un certain nombre de critères. Ceux-ci peuvent ainsi être étudiés année après année, permettant de rendre compte de la performance des acteurs ou des entités évalués. Le développement des tableaux de bord permet notamment de mettre l'accent sur des indicateurs non financiers comme par exemple le *turn over* ou l'état des stocks.

Le développement des techniques du contrôle de gestion dans les années avant et après-guerre facilite évidemment l'influence de la direction générale sur les unités opérationnelles. Ces techniques sont notamment le moyen d'inciter et de contrôler les comportements : c'est l'âge d'or de la ***direction par objectifs*** (DPO). Cela apparaît d'autant plus important dans un contexte économique où d'une part, les grandes entreprises ont tendance à s'agrandir et d'autre part, où la diversification est de plus en plus courante. Le contrôle de gestion contribue à formaliser la relation hiérarchique.

c) L'apogée de la recherche opérationnelle en entreprise

La recherche opérationnelle est présentée par ses promoteurs comme les ***mathématiques des phénomènes d'organisation***. Il s'agit d'utiliser les mathématiques pour résoudre des problèmes concrets.

La programmation linéaire permet par exemple de maximiser les profits compte tenu d'un certain nombre de contraintes (coût des matières premières, prix de vente des produits, etc.). La gestion de production constitue également une problématique importante. On s'intéresse notamment à l'optimisation des stocks (par exemple en fonction du coût de stockage et du coût des commandes), à l'ordonnancement des tâches, c'est-à-dire à l'ordre dans lequel chaque tâche doit être réalisée pour réduire au maximum le processus de production.

Les origines de la recherche opérationnelle sont à rechercher dans la Seconde Guerre mondiale lorsque les Américains n'hésitèrent pas à constituer des unités comprenant des mathématiciens, des physiciens et des militaires pour résoudre des problèmes de défense aérienne. Comme pour le contrôle de gestion, son introduction dans l'entreprise résulte de l'influence du management scientifique taylorien. Il s'agit d'utiliser tous les moyens possibles (et notamment les plus scientifiques) pour améliorer la productivité et diminuer les coûts pour l'entreprise. En France, les entreprises publiques à forte culture d'ingénieurs seront pionnières dans la mise en place de la recherche opérationnelle : Air France, SNCF, EDF, etc.

d) Le compromis fordien

La mise en place de ces différents outils de gestion amoindrit progressivement l'autonomie dont pouvaient bénéficier les salariés. L'après-guerre étant caractérisée par une période de plein-emploi, les entreprises doivent s'efforcer, comme au début du XIXe siècle, d'attirer et de fidéliser les salariés.

C'est dans cette perspective que l'on observe une hausse des salaires assez forte, supérieure à celle des prix à partir de la fin des années 1940. Il s'agit de limiter le *turn-over*, voire s'attacher les salariés. Il faut reconnaître que les conditions de travail sont souvent difficiles et le poids de la hiérarchie se fait durement sentir comme le confirme par exemple le témoignage de Robert Linhart dans *L'établi*.

Durant cette même période, le poids des syndicats se trouve conforté. Les Comités d'Entreprise créés en 1946, accroissent leur influence, même si, dans de nombreux secteurs, les relations entre syndicats et patronat restent conflictuelles. C'est entre autres pour essayer de concilier les intérêts des patrons et des ouvriers qu'est instaurée, en 1967, la participation des salariés aux bénéfices des entreprises. L'implication du personnel *via* les suggestions peut aussi être valorisée par l'entreprise elle-même, comme chez Michelin dans les années 1950 : un salarié communiquant des suggestions jugées intéressantes se voyait assurer de ne pas être licencié.

Le compromis fordien passe aussi par un certain assouplissement du taylorisme dans l'entreprise. Plusieurs entreprises industrielles se rendent compte qu'une application trop rigide tend à diminuer l'implication des salariés. Il en résulte une tendance à enrichir les tâches ou à organiser une rotation pour éviter la lassitude. Ces phénomènes sont encore limités, mais l'influence de l'***École des Relations Humaines*** sur les pratiques commence à se faire sentir.

L'expérience d'Elton Mayo à la Western Electric dans l'Entre-deux-guerres préfigure un mouvement intellectuel qui, dès le début des trente glorieuses, remet en cause le *one best way* taylorien. Les plus célèbres sont la pyramide de Maslow ou la théorie X/Y de Mc Gregor. Le travail de Maslow hiérarchise les besoins des individus qui rechercheraient à les combler successivement : les besoins physiologiques (manger, boire, dormir, etc.), ceux de sécurité (logement, sécurité, etc.), d'appartenance à un groupe social, d'estime (de soi et des autres) et enfin les besoins en terme d'accomplissement personnel. D'une autre façon, c'est la conclusion à laquelle conduit la théorie X/Y de Mc Gregor. Il y aurait deux grands types d'individus : ceux répondant à la logique taylorienne et ayant besoin d'une direction ferme et étant essentiellement motivés par le salaire (théorie X) et de l'autre, ceux recherchant naturellement à s'impliquer dans leur travail indépendamment du contrôle dont ils pourraient faire l'objet (théorie Y). Ces deux types de présentation des relations humaines, facilement explicables, ont l'avantage de montrer que la gestion de la main-d'œuvre ne peut se résumer à la seule augmentation des salaires. Elle passe aussi par une ***organisation de la relation humaine*** et plus généralement par la ***prise en compte des aspirations des salariés***.

■ *Le financement des entreprises*

Les années d'après-guerre sont aussi marquées par un relatif changement à l'égard des modes de financement. Longtemps, celui-ci a été assuré essentiellement par l'autofinancement et, plus marginalement, par des augmentations de capital. À part dans les années 1920, la dette apparaissait comme dangereuse pour l'entreprise. La mise en évidence de l'effet de levier montre dans l'après 1945 l'intérêt du ***financement par la dette***.

L'effet de levier lie la rentabilité financière (c'est-à-dire le rendement pour les seuls actionnaires) à plusieurs facteurs dont la rentabilité économique (à savoir le rendement pour l'ensemble des apporteurs de capitaux, soit les actionnaires, les créanciers, etc.). La formule s'écrit :

RF = RE + (RE i)*Dettes/Capitaux Propres

Avec : RF = Rentabilité Financière ; RE = Rentabilité Économique ; i = taux d'intérêt

Si la rentabilité économique s'avère supérieure au taux d'intérêt auquel l'entreprise emprunte, cela permet à celle-ci de distribuer des dividendes plus importants aux actionnaires. La croissance économique des trente glorieuses facilite les bénéfices et, en même temps, l'inflation diminue le taux d'intérêt réel. Les entreprises tendent donc à diminuer la part de leur autofinancement et à augmenter la part des dettes à leur bilan au détriment des fonds propres : ainsi, ces derniers représentent 44,9 % du total du passif en 1961 contre seulement 36 % en 1969, la part de la dette se substituant progressivement à celle des fonds propres.

Les besoins de financement étant accrus et le recours à la dette passant encore majoritairement par le financement bancaire, le poids des banques dans l'économie tend à augmenter. Les produits financiers tendent également à se sophistiquer : les sociétés d'investissement à capital variable (SICAV) sont autorisées à partir de 1964. Elles se développent assez rapidement : de 15 en 1967, elles passent à 83 en 1973. Enfin, à partir des années 1960, les banques mettent en place de véritables stratégies marketing pour conserver ou conquérir une nouvelle clientèle. Parallèlement à ces phénomènes, les banques fusionnent pour former de grands groupes : ainsi, en 1966, la Banque Nationale du Commerce et de l'Industrie et le Comptoir National d'Escompte de Paris fusionnent pour former la BNP.

Au-delà du seul secteur bancaire, les projets (amicaux ou hostiles) de fusion-acquisition s'amplifient et menacent même les très grandes entreprises. Depuis 1966, la chambre syndicale des agents de change avait autorisé et facilité le recours aux ***OPA/OPE*** (Offre Publique d'Achat/Offre Publique d'Échange). Le principe de ces dernières est soit de racheter les actions d'une entreprise à un prix annoncé d'avance (OPA) ou d'échanger les actions de sa propre entreprise avec celles dont on veut prendre le contrôle (OPE). L'OPE hostile de BSN (aujourd'hui Danone) sur Saint-Gobain en 1968 constitue le premier exemple d'un tel changement dans la pratique des entreprises. Le prédateur (Danone) étant alors de l'ordre de cinq fois plus petit que la cible (Saint-Gobain), Danone propose une OPE, appuyée en cela par les banques Lazard et la banque de Paris et des Pays-Bas (futur Paribas). La réponse de Saint-Gobain sera originale à plusieurs niveaux : le lancement d'une coûteuse campagne de publicité pour l'époque surprendra son adversaire. De plus, Saint-Gobain va s'adosser à un autre groupe industriel, Pont-à-Mousson, avec lequel il finira par fusionner pour répondre aux assauts de BSN. Si l'OPE échoue finalement, elle met en lumière l'importance de la ***communication financière*** d'une part et le rôle croissant des ***banques d'affaires*** d'autre part.

À la recherche du consommateur

Les Trente Glorieuses sont évidemment le prolongement de l'entre-deux-guerres avec l'affirmation plus nette de la ***fonction marketing*** moderne. Il manque encore des travaux de recherche sur la diffusion dans les entreprises des techniques marketing en France pour pouvoir mieux connaître les évolutions. Marc Martin nous donne quelques indications sur le développement des études de marché en France. Directement importé des États-Unis où elles existent dès l'entre-deux-guerres, elles arrivent en France à partir du début des années 1950, notamment grâce à l'institut de sondage IFOP fondé avant-guerre et qui se limitait jusqu'alors aux sondages d'opinions.

Les pratiques publicitaires s'adaptent à leur époque. Si le poids de la presse écrite et des affiches reste important, on voit apparaître de nouveaux supports : le ***cinéma*** dans les années 1950 et au début des années 1960, la ***radio*** puis la ***télévision*** dont la croissance du marché correspond à la fin des années 1960. Les secteurs qui investissent les plus en publicité changent : le secteur pharmaceutique voit sa part passer de 30 % du total des investissements en 1938 à 8 % en 1951. L'interdiction de certaines publicités médicales sous Vichy au nom de la morale (maladies vénériennes par exemple), prolongée à la Libération, et la création de la Sécurité sociale diminuent l'attrait de ces publicités. À l'inverse, ce sont essentiellement les publicités alimentaires qui voient leur part augmenter.

L'implantation des ***grandes surfaces*** en France est un peu mieux connue. Si le premier Leclerc s'implante en 1949 en Bretagne, il faut attendre la deuxième moitié des années 1950 pour voir apparaître les autres grandes marques nationales de distribution : Carrefour (1959), Auchan (1961) ou Intermarché (1973) pour les supermarchés mais aussi Darty (1957) ou la FNAC (1954). La logique d'organisation des grandes surfaces rappelle celle des grands magasins à la fin du XIXe siècle : la constitution de grands espaces de vente où le client pourra trouver une offre très diversifiée qu'il pourra appréhender lui-même.

Les grandes surfaces jouent également sur les quantités achetées à des prix plus faibles que dans l'épicerie traditionnelle. Comme pour les grands magasins de la fin du XIXe siècle, l'idée est de proposer des prix plus faibles que dans les épiceries traditionnelles pour attirer une clientèle plus nombreuse. Ces prix de vente plus attractifs ne s'expliquent pas uniquement par des prix d'achat plus bas, mais aussi par une marge unitaire moindre. Le succès de ces magasins est assez rapide, transformant radicalement l'organisation des filières agro-alimentaires et de nombreuses autres filières, lesquelles vendent bientôt l'essentiel de leur production *via* les grandes surfaces. En cela, ils arrivent à se positionner comme des acteurs incontournables entre les producteurs d'un côté et les consommateurs de l'autre.

La force des grandes surfaces a également tenu à leur capacité à faire remonter l'information des consommateurs. C'est notamment ainsi qu'ils ont saisi très tôt l'importance de situer les grandes surfaces en banlieue des grandes villes et non en centre-ville. À l'heure de la voiture triomphante, les grandes surfaces peuvent ainsi acheter de vastes terrains à moindre coût où ils installent d'immenses parkings gratuits. Un autre attrait des grandes surfaces tient au fait de regrouper l'ensemble des achats du consommateur dans un même lieu, tout en lui permettant de choisir lui-même le produit qu'il achètera.

Les ambivalences des débuts de la consommation de masse dans les Trente Glorieuses

« L'entrée dans la société de consommation de masse s'analyse de deux manières opposées, qui correspondent à deux conceptions idéologiques et politiques de la société. Certains optimistes nourris d'Amérique considèrent que la consommation de masse éradique la pauvreté durant les Trente glorieuses, intégrant les classes populaires à la société par le biais de la « moyennisation » (la réduction des écarts entre les extrémités de la hiérarchie sociale et l'essor numérique de la partie centrale) et par l'aspiration par le haut. [...]

D'autres auteurs montrent au contraire qu'une classe moyenne n'a pas les coudées franches en France après-guerre, les élites se protégeant derrière de fortes barrières, telles qu'un système de formation spécifique (les grandes écoles), leurs propres syndicats (comme la Confédération générale des cadres) ou leurs propres espaces de loisirs, comme le Club Med en 1950 ».

D'après Chessel [2012], p. 37-38.

4 Quelques problématiques actuelles de gestion

Le choc pétrolier de 1973 modifie sensiblement le contexte économique pour les entreprises françaises. Outre le renchérissement du pétrole, il entraîne une inflation et évidemment une relative stagnation de la demande liée, entre autres, à la montée du chômage. La crise met en évidence les faiblesses des grandes entreprises traditionnelles. Dans cette section plus actuelle, nous nous proposons de creuser certains thèmes qui nous paraissent être plus particulièrement éclairés par l'histoire.

La crise de la grande entreprise traditionnelle

La crise de 1973 met en lumière les faiblesses des grandes entreprises, notamment américaines. Celles-ci paraissent peu efficaces, peu réactives au regard du contexte économique. Ce sera l'occasion de remettre en cause les modes traditionnels de gestion de la grande entreprise. Le contexte politique n'est évidemment pas neutre dans cette dénonciation : les arrivées au pouvoir de Margaret Thatcher en Grande-Bretagne en 1979 et de Ronald Reagan aux États-Unis en 1980 amorcent un grand basculement idéologique. La grande entreprise, comme les bureaucraties d'État, est soupçonnée d'être à la fois inefficace, lente et coûteuse. À l'inverse, les petites structures sont jugées plus flexibles et mieux adaptées.

a) À la recherche d'une autre gouvernance des entreprises

Depuis la fin du XIXe siècle, la détention du capital et l'exercice du pouvoir de gestion se sont progressivement séparés. L'argument tenait au fait que les détenteurs de capitaux n'étaient pas forcément les plus compétents pour gérer l'entreprise. Cette séparation supposait évidemment une convergence d'intérêts entre actionnaires et dirigeants. Or, aux États-Unis et plus généralement dans les pays anglo-saxons, le capital des entreprises était souvent très dilué, ce qui entraînait souvent une plus faible implication des actionnaires. Les dirigeants bénéficiaient ainsi de marges de manœuvre qui pouvaient s'exercer au détriment de l'intérêt des actionnaires.

La crise de 1973 contribue à poser plus clairement la problématique de la ***gouvernance***. On reproche aux grandes entreprises de s'être trop diversifiées et d'avoir privilégié la taille au profit de la rentabilité. Théoriquement, les travaux de la théorie dite de l'agence apparaissent avec l'article de Jensen et Meckling en 1976 (voir la section 1 du chapitre 3). Ce type de problématique n'arrive en France qu'au milieu des années 1990. Le contexte français apparaît en effet sensiblement différent de celui des pays anglo-saxons dans la mesure où l'État et les banques sont souvent des actionnaires influents dans les grandes entreprises. L'irruption de la problématique de la gouvernance remet néanmoins en question certaines pratiques spécifiques à la France : participations croisées entre entreprises, homogamie sociale des administrateurs, rôle de l'État notamment au travers des nationalisations ou des privatisations, etc.

L'irruption de la question de la gouvernance est aussi un moyen de promouvoir des outils de contrôle du dirigeant : le développement des stocks options, la nomination d'administrateurs indépendants, la menace d'OPA comme moyen de contrôle, etc. sont autant de moyens mis en place pour limiter son pouvoir discrétionnaire.

b) Le recentrage stratégique des entreprises

La critique de la grande entreprise dépasse évidemment la seule question de la gouvernance. La rationalisation taylorienne impliquait la division les tâches et donc la création de nombreuses fonctions de support (comptabilité, contrôle de gestion, ressources humaines, etc.). Services souvent dédoublés entre ceux du siège social et ceux au plus près des opérationnels. Les fonctions stratégiques étaient même en partie assurées par des services spécialisés. Cette ***sophistication de la structure est critiquée*** à plusieurs égards : la lenteur induite, la déresponsabilisation des services et leur coût important.

La deuxième grande critique porte sur les stratégies déployées durant les trente glorieuses. On reproche notamment le ***manque de cohérence dans les politiques de diversification***. Ces dernières qui étaient perçues comme un moyen de se prémunir contre les aléas de tel ou tel marché deviennent au contraire un risque à partir des années 1980. L'entreprise, en s'éparpillant sur plusieurs secteurs, multiplierait donc les risques puisqu'elle ne valoriserait pas suffisamment ses compétences distinctives. Inspirée des travaux d'Édith Penrose (1959) et théorisée en 1990 par Prahalad et Hamel, cette idée justifie un changement des stratégies. Les entreprises sont amenées à définir un ***cœur de métier***.

La critique de la bureaucratie et de la diversification modifie assez sensiblement les stratégies des entreprises. Des politiques d'externalisation des services (délégation d'une fonction à une autre entreprise avec contrôle des résultats) sont ainsi mises en place pour les activités jugées annexes, c'est-à-dire dans un premier temps des activités de support : la paie, les services généraux, etc. À partir de la fin des années 1990 et au début des années 2000, le phénomène tend à s'étendre à des activités plus proches du cœur de métier même des entreprises.

Plus généralement, les entreprises tendent à recentrer leur activité en définissant un cœur de métier et en cédant les activités annexes à d'autres. Le groupe Danone illustre parfaitement ce choix. Issu de multiples fusions, l'entreprise est à la fois présente sur le marché du verre et de l'alimentation. Antoine Riboud, le PDG de l'époque, fait le choix de se désengager progressivement du verre pour devenir un groupe alimentaire à part entière. Ce type de politique implique à la fois des cessions importantes d'actifs pour en racheter d'autres, ce qui peut amener à transformer complètement l'identité d'un groupe.

Au-delà de l'apparition de ces nouvelles options stratégiques, les entreprises mettent en place des politiques de ***réduction drastique des coûts***. Il s'agit de diminuer au maximum la masse salariale (ce qui se traduit par des plans sociaux) ou le montant des investissements (en concluant des alliances comme dans l'industrie automobile pour la conception de plates-formes communes). Hammer et Champy vont proposer une théorisation de ce mouvement en 1993 : le ***reengeneering***. Ils suggèrent notamment de casser la hiérarchie traditionnelle et plus généralement l'organisation pour rendre le fonctionnement de l'entreprise plus efficace et moins coûteuse.

c) À la recherche d'un management plus souple

La conception même de l'organisation taylorienne du travail est jugée beaucoup trop rigide. On lui reproche notamment de multiplier les lignes hiérarchiques. Cette recherche de souplesse amène l'émergence de ***nouvelles formes de management***.

Un des premiers exemples est assurément le ***management de projet***. Il se caractérise par l'organisation d'une entreprise tout entière (ou d'une partie) autour d'un objectif individualisé et non répétitif. C'est notamment le cas du bâtiment qui se structure sur ce modèle dans les années 1950 et 1960. L'originalité de cette organisation est de regrouper les individus issus de différents métiers (ingénieurs, techniciens, contrôleurs de gestion, etc.) autour d'un même objectif en cassant les identités de métier, vécues comme autant de freins. À partir de la fin des années 1980, le management de projet devient un mode plus courant de gestion, notamment au niveau de la conception de nouveaux modèles. On parlera à ce propos d'***ingénierie concourante***. Outre le regroupement des acteurs du projet dans une même structure, cette dernière consiste à commencer le projet le plus tôt possible pour le finir le plus rapidement. Cela passe notamment par un chevauchement des différentes phases, le recours à un unique directeur de projet et enfin l'intégration des sous-traitants et partenaires au processus. Mise en place dans l'automobile notamment, l'ingénierie concourante permet d'accélérer considérablement le temps de conception d'un véhicule.

En termes d'organisation de la production, le taylorisme se voit également remettre en cause à d'autres niveaux. Si les grandes industries américaines apparaissent en difficulté, les entreprises japonaises semblent en bien meilleure situation, ce qui va pousser nombre d'entreprises à aller chercher chez ces dernières des sources d'amélioration. C'est ainsi que les ***cercles de qualité*** ou le ***juste-à-temps*** vont être importés en France. Les cercles de qualité visent à faire participer les salariés au management en les intégrant à des réunions où ils sont consultés. Le juste-à-temps vise à réduire le stockage pour diminuer les coûts associés. Les commandes sont uniquement passées au fur et à mesure des besoins.

La recherche d'un management plus souple, c'est aussi la tentative de ***dépasser les postulats traditionnels du taylorisme*** : l'ouvrier est d'un naturel paresseux et seule la perspective du gain peut le motiver. Les cercles de qualité sont une première tentative pour essayer d'impliquer (autrement que financièrement) l'individu dans son organisation. Jusque dans les années 1970, la logique de poste avec des grilles de qualification négociées lors de conventions collectives prédomine encore. Pour le patronat, elle est l'assurance d'une organisation rationnelle du travail et pour les syndicats, la garantie de salaires minimum pour chaque niveau de qualification. À partir de la fin des années 1990, on voit émerger une ***logique de compétences***. Il ne s'agit plus de partir de postes définis *a priori* et de trouver la personne adéquate, mais plutôt de partir des compétences des individus pour essayer de les intégrer au mieux dans l'entreprise. Cette vision présente l'avantage d'une meilleure valorisation des compétences. Néanmoins, l'abandon des grilles de qualification fait peser un soupçon sur ces conséquences : ne s'agit-il pas d'abord de diminuer les salaires en profitant d'un taux de chômage qui reste élevé d'une part et de la surqualification de nombre de salariés dans leur poste d'autre part ? En effet, si la rémunération des salariés dépendait des compétences mobilisées dans un travail et non de la qualification, un salarié surqualifié serait moins payé...

La recherche d'un management plus souple, c'est enfin la recherche d'un ***autre contrôle de gestion***. Les budgets, les tableaux de bord traditionnels ou même le calcul des coûts apparaissent dès les années 1980 comme des outils trop rigides et peu flexibles. On reproche (aux États-Unis notamment) au calcul des coûts son imprécision. La méthode ABC (***Activity Based Costing***) se propose de recentrer les processus de production pour permettre une meilleure répartition des coûts. Il s'agit de se situer au plus près possible de ceux-ci. Le développement du ***Balance Scorecard*** s'inscrit dans le même mouvement intellectuel : au lieu de prendre en compte les seuls indicateurs financiers, il faudrait intégrer de nouvelles dimensions comme l'apprentissage ou les indicateurs physiques (production de l'entreprise, stocks, etc.).

d) Le marketing comme réponse à la crise de la grande entreprise ?

Une des caractéristiques de la crise est assurément le découplage entre d'un côté une offre de masse et de l'autre une demande qui stagne sinon se contracte. Les entreprises ont donc plus de difficultés à écouler leurs produits. Dans ce contexte, le marketing apparaît comme une réponse possible pour maintenir les ventes.

Son utilisation se fait *via* de nouveaux supports comme par exemple ***la marque***, à partir de la fin des années 1970. Il s'agit de mettre en évidence une caractéristique propre qui permet au consommateur d'identifier plus facilement les produits avec comme objectif de gagner (ou au moins de conserver) des parts de marché.

Une autre évolution plus récente (années 1990) obéit aux mêmes impératifs : ***le marketing relationnel***. Ce dernier vise au développement d'une relation particulière entre l'entreprise et le consommateur *via* des outils comme les cartes de fidélité, le publipostage, le télémarketing, etc. Ce type de pratiques passe souvent par une segmentation de la clientèle pour viser le public recherché.

Enfin, le ***développement des TIC*** (Technologies de l'Information et de la Communication) à partir de la fin des années 1990 a également révolutionné les modes de vente. De nouvelles entreprises apparaissent (Amazon par exemple) et la plupart des autres entreprises profitent de ces technologies pour adapter leur offre.

■ *La gestion dans un monde libéralisé*

Le contexte politique n'a pas été sans liens avec l'histoire des techniques de gestion : planification, budget, recherche opérationnelle, etc., autant d'éléments qui visaient à une relative centralisation des entreprises sur le modèle communiste. À l'inverse, le retour en force du libéralisme amène d'autres évolutions sur lesquelles nous revenons ici plus en détail.

a) L'explosion des marchés financiers

La libéralisation des marchés touche en premier lieu la finance et donc le monde bancaire. Ce mouvement que l'on peut résumer par les 3 D (déréglementation, décloisonnement, désintermédiation) se met en place dans les années 1980 en France. La ***déréglementation*** implique la fin des taux d'intérêt administrés pour les banques ou encore la fin de l'encadrement quantitatif de l'activité bancaire (1985). Le ***décloisonnement*** permet de faciliter le passage d'un marché financier à un autre (1983), ce qui aboutit à la création de produits hybrides (obligations convertibles en actions). C'est aussi à cette occasion qu'est supprimé le monopole des agents de change (1988). La ***désintermédiation*** consiste à diminuer le recours à l'endettement bancaire au profit des marchés financiers dont l'accès est facilité aux entreprises non financières. La fonction des banques s'en trouve modifiée : les activités de prêt aux grandes entreprises diminuant, elles proposent désormais leurs services à ces mêmes entreprises pour les aider à placer leurs titres. Le recours à l'endettement obligataire est désormais une alternative crédible à l'endettement bancaire, ce dont ne se privent pas les entreprises.

Les pratiques de ces dernières vis-à-vis des marchés financiers sont désormais différentes. En effet, la nécessité de demeurer une ***entreprise attractive pour les investisseurs*** se fait plus clairement jour. La capacité des entreprises à placer de nouveaux titres ou plus simplement la peur d'éventuelles OPA font du cours boursier des actions un enjeu central. C'est donc à partir du milieu des années 1980 que la communication financière prend une nouvelle ampleur. Cette dernière s'inspire du marketing pour en proposer une transcription originale à la relation entre entreprise et investisseur.

Le poids croissant des marchés financiers conduit à une réflexion en matière de normalisation comptable internationale. L'existence de réglementations nationales différentes, notamment au sein de l'Europe, soulève plusieurs problèmes : des difficultés de comparaison pour les investisseurs internationaux ou encore la possibilité pour les grandes entreprises de choisir une domiciliation de leur siège en fonction des législations. La CEE (aujourd'hui Union européenne) n'arrivant pas à se mettre d'accord entre les traditions anglo-saxonnes et continentales, confie le soin de fixer des normes à un organisme de normalisation privé, l'IASC (aujourd'hui IASB). Ce dernier propose des normes dites IAS (aujourd'hui IFRS) que l'Union européenne valide en très grande partie et qui entrent en application au début de l'année 2005. Les effets de cette réglementation concernent d'abord les comptes consolidés (ou comptes de groupes) ; à terme, les comptes sociaux (comptes des entreprises individuelles) devraient être impactés.

b) Le retour de l'entrepreneur

La critique de la grande entreprise d'une part et la libéralisation d'autre part impliquent la recherche d'un autre modèle d'organisation : ce sera celui de l'***entrepreneuriat***. Au XIXe siècle, puis au temps du taylorisme, l'entrepreneur est la plupart du temps symbolisé par le commerçant ou l'artisan. Il est alors vilipendé pour son conservatisme, sa résistance au progrès. Dans le meilleur des cas, l'entrepreneur est un futur grand patron qui s'empresse d'adopter les modes d'organisation de la grande entreprise. Le modèle triomphant de celle-ci semble alors étouffer toutes les petites organisations.

Le retour sur scène de l'entrepreneur à partir des années 1980 est d'abord un retour politique. On voit dans ce dernier une solution possible au problème du chômage dans la mesure où la majeure partie des salariés travaille en PME. L'entrepreneuriat est aussi associé à une image plus moderne, celle de la PME dynamique et innovante (comme par exemple celles gravitant autour d'Airbus).

La problématique de l'entrepreneur s'accompagne également d'un débat sur la complexité administrative souvent résumée à une paperasserie ou à des conditions freinant l'esprit d'entreprise. À travers ce débat, on retrouve les polémiques du XIXe siècle entre les partisans d'un contrôle des SA au nom de la protection des actionnaires et des créanciers et ceux favorables à une libéralisation au nom du développement économique. La création en 2003 de la SARL à 1 € et le développement récent du statut de l'auto-entrepreneur attestent du fait que notre époque tend vers la deuxième option.

c) Un management public inspiré du privé

Au XIXe siècle, la constitution de la grande entreprise se fonde sur la recherche de modèles permettant de s'organiser : la famille, l'armée, mais aussi l'État sont alors les modèles des entreprises. Plus d'un siècle plus tard, on observe le mouvement inverse. Sous l'impulsion des mouvements libéraux, l'organisation des services publics est repensée à partir des années 1980.

Leur périmètre d'activité est d'abord sensiblement réduit : les entreprises publiques (Air France, Renault, BNP, etc.) sont privatisées, certaines directions de ministères (les anciennes PTT par exemple) sont transformées en entreprises qui sont ensuite privatisées, etc. Et même quand les privatisations ne sont pas totales (EDF, GDF par exemple), les monopoles sont ouverts à la concurrence, devant permettre de diminuer les coûts pour les clients.

Au sein même des administrations, ***les outils utilisés dans la gestion privée sont importés*** : le contrôle de gestion, la gestion des ressources humaines ou le marketing sont ainsi transposés. La mise en place de la LOLF (Loi Organique relative aux Lois de Finances) en 2001 propose ainsi l'introduction d'outils de mesure de la performance, directement inspirés de la Direction Par Objectifs mise en place dans les années 1960 dans les grandes entreprises françaises.

d) La montée des problématiques sociétales

Nous voudrions ici aborder deux notions : la ***Responsabilité Sociale de l'Entreprise*** (RSE) et le ***développement durable***. La première met en lumière l'engagement (volontaire) ou l'obligation (réglementaire) que les entreprises doivent respecter envers les individus et plus généralement envers la société. Le développement durable est, quant à lui, défini comme « *un développement qui répond aux besoins des générations présentes sans compromettre les capacités des générations futures à répondre aux leurs* ».

La différence entre les deux tient d'abord à leur niveau : la RSE affecte chaque entreprise, alors que le développement durable dépasse le seul champ de l'entreprise pour toucher l'ensemble de la société.

Pour comprendre l'émergence de ces phénomènes, il faut revenir au paternalisme. Ce dernier a constitué à la fin du XIXe siècle un premier moment où l'entreprise prenait en compte les aspirations de ses salariés. Il s'agissait alors d'un mélange d'idéologie désintéressée (catholicisme social, etc.) et d'intérêts bien compris (limitation du rôle de l'État et des syndicats, etc.). L'effacement progressif de l'État-Providence à partir des années 1980 permet d'ouvrir la voie à la RSE.

En l'absence de réglementation publique, les problématiques sociales notamment sont plus souvent délaissées et c'est ainsi que vont naître de nouvelles attentes envers l'entreprise. On voit ainsi apparaître de nouveaux outils comme le ***Sustainability Balanced Scorecard***, tableau de bord déclinant les objectifs environnementaux ou la multiplication des rapports et audits sur les questions sociales et environnementales. Il est encore difficile de faire la part entre la réalité de la motivation des entreprises d'un côté et l'instrumentalisation de ces outils à des fins de communication de l'autre.

Les boues rouges et Péchiney

Dans les années 1960 et 1970, l'usine d'alumine de Gardanne rejette des boues rouges en mer Méditerranée. Le travail en archives met en lumière comment l'entreprise mobilise la science, le droit et la politique pour chercher à s'affranchir de ses responsabilités. Face aux premiers échecs, l'article met aussi en lumière des pratiques peu responsables comme les propositions de dédommagement aux victimes, le lobbying auprès des pouvoirs publics et même l'intimidation.

D'après M.-C. Loison et A. Pezet (2006), « L'entreprise verte et les boues rouges. Les pratiques controversées de la responsabilité sociétale à l'usine d'alumine de Gardanne (1960-1966) », *Entreprises et Histoire*, n° 45.

La construction des acteurs

Chapitre 3

Le chapitre précédent s'est intéressé aux techniques, c'est-à-dire aux outils, aux instruments auxquels renvoie habituellement la gestion. La présentation chronologique tend évidemment à donner l'impression d'une accumulation, d'une lente maturation. Pourtant, quand on s'intéresse aux acteurs qui développent ces techniques, la perspective apparaît singulièrement différente. Les transformations sont plus lentes et la confrontation des idéaux-types des acteurs met en lumière la profondeur et la lenteur du changement. L'actionnaire, le dirigeant ou le consommateur du XVIII*e siècle et du* XX*e siècle ont peu de traits en commun.*

La genèse de ces acteurs est ici retracée au travers de trois grandes thématiques : la gouvernance de l'entreprise, l'organisation de l'entreprise et le pouvoir de l'expertise. Une dernière section permet de mettre en évidence d'autres figures originales.

1 Gouverner l'entreprise

Les actionnaires

La figure de l'actionnaire change radicalement entre le XVIIIe et le XXe siècle. Au XVIIIe siècle, le nombre d'actionnaires est plutôt limité si on le compare à la situation actuelle : l'actionnaire est souvent un financier (c'est-à-dire une personne chargée du recouvrement des fonds publics ou du financement de la dette publique), un noble ou un négociant. Plus rarement, dans certaines industries, il peut s'agir d'un technicien. Quoi qu'il en soit, les actes des sociétés alors constitués montrent une certaine homogamie sociale : la noblesse est ainsi très présente dans les petites forges de province, les verreries ou les manufactures. Autant d'entreprises aux techniques encore traditionnelles dont le capital est peu élevé. Les centres d'intérêt des financiers sont plus larges. Notons simplement qu'ils sont inévitablement présents dans les plus grandes affaires comme la

Compagnie de Saint-Gobain ou les Manufactures Royales d'Indret, de Moncenis et des Cristaux de la Reine. Le négoce, enfin, privilégie plutôt l'industrie textile.

Être actionnaire est alors un investissement de long terme puisqu'il n'existe pas de marchés permettant de céder facilement ses actions. Dans les plus grandes organisations, il peut en résulter une puissante implication dans la gestion *via* une participation au Conseil d'administration. À Saint-Gobain, au XVIIIe siècle, ce dernier se réunit deux fois par semaine (puis trois fois après 1776). Comme le rappelle l'historien Claude Pris, le Conseil d'administration s'occupe de tâches qui relèvent aujourd'hui de services administratifs.

On verra ainsi, en 1832, un grand bourgeois parisien Pillet-Will, actionnaire de Decazeville, aller de Paris jusque dans l'Aveyron pour vérifier les calculs des coûts proposés par la direction de l'entreprise. Ce cas exceptionnel donne une idée de l'importance de l'implication des actionnaires dans la gestion courante de l'entreprise jusqu'au début du XIXe siècle.

Il ne s'agit évidemment pas de généraliser à partir d'un seul cas d'autant plus que dans la plupart des organisations, les fonctions de direction et de contrôle sont encore largement regroupées. On fait traditionnellement référence en la matière à la thèse de Berle et Means (1932) qui explique que la naissance de la grande entreprise managériale à partir de la fin du XIXe siècle résulte de la séparation entre la détention de la propriété d'une part et l'exercice du pouvoir de gestion dans l'entreprise d'autre part. Une étude historique d'Odette Hardy-Hemery sur les grandes sociétés du Nord ne nie pas le phénomène mais le nuance fortement. Les situations sont encore très différentes dans la France au tournant du XXe siècle. Quand le capital est majoritairement détenu par une famille, le poids du Conseil d'administration est souvent encore très fort : droit de vote double, minorité de blocage constituent autant de mécanismes qui visent à conserver le pouvoir et à empêcher le rachat de l'entreprise par un tiers. Dans celles-ci, le pouvoir du Conseil d'administration est très fort, le dirigeant étant souvent un membre de la famille. Sur le modèle du XVIIIe siècle, l'actionnariat peut aussi révéler une forte homogamie sociale en se limitant à la riche bourgeoisie d'une région. ***L'autofinancement*** y est privilégié : il s'agit d'empêcher l'influence des marchés financiers ou des banques. Enfin, quelques entreprises commencent à ouvrir timidement leur capital aux marchés financiers à partir de l'Entre-deux-guerres.

Il n'en demeure pas moins qu'au fil du temps, de plus en plus d'entreprises voient leurs titres cotés en Bourse. Il en résulte un actionnariat de masse de plus en plus dilué. L'implication des actionnaires dans la gestion des entreprises s'en trouve aujourd'hui moindre.

■ *Les dirigeants d'entreprise*

Commençons par résumer brièvement la thèse de Berle et Means reprise dans les années 1970 par la ***théorie de l'agence*** : la séparation entre la propriété de l'entreprise et le pouvoir de gestion peut amener des conflits d'intérêt entre actionnaires et dirigeants. Les premiers privilégieraient évidemment la bonne santé financière de l'entreprise, seule garante du versement de leurs dividendes, alors que les seconds pourraient privilégier d'autres objectifs comme leurs salaires, la taille de l'entreprise, un climat social apaisé, etc. Qu'en est-il dans la réalité ? Comme dans le cas des actionnaires, les faits tempèrent sensiblement l'analyse théorique si l'on s'intéresse aux grandes organisations.

Dans les forges françaises de la fin du XVIIIe siècle, le capital est souvent détenu par une famille dont seul un membre assure la direction effective (le maître de forges). Néanmoins, quand plusieurs personnes ou plusieurs familles sont associées, le mode de gestion peut-être original : deux personnes assurent conjointement le travail de direction, l'une pouvant par exemple se spécialiser sur la technique industrielle et l'autre sur les aspects commerciaux. Il arrive même que l'on confie à un tiers (un technicien ou une personne de confiance) le poste de directeur.

Il ne faut pas pour autant croire que le rapport de confiance exclut la notion de compétence. Les familles choisissent souvent leur enfant le plus à même de diriger l'affaire. Celui-ci est souvent formé en participant à des tâches subalternes (tenue des livres, etc.) qui lui permettent de mieux appréhender l'ensemble de l'affaire. Plus généralement, toute la famille peut participer à l'affaire : les épouses des négociants des grands ports français (Marseille, Bordeaux, Nantes, Saint-Malo, Le Havre, etc.) du XVIIIe siècle suppléent ces derniers quand ils voyagent et reprennent les affaires en cas de veuvage.

Au XVIIIe siècle, si la grande entreprise managériale n'existait pas encore, il y avait déjà potentiellement des risques de conflit entre dirigeants et actionnaires. Ils étaient alors résolus par une homogamie sociale d'une part et le poids du Conseil d'administration d'autre part.

Entre le milieu du XIXe et celui du XXe siècle, l'idéal-type du dirigeant change considérablement dans les grandes entreprises. Il devient un ***dirigeant professionnel***, c'est-à-dire un dirigeant qui n'a pas été recruté du fait de sa détention d'une partie du capital, mais plutôt en raison de ses compétences. Le directeur d'un établissement devient alors un salarié, pouvant éventuellement changer d'entreprise. Il faut dire que face à des entreprises de plus en plus importantes, les problèmes de gestion apparaissent de plus en plus complexes. La compétence tend à se substituer à la fidélité. Cela ne signifie évidemment pas que les fonctions de direction sont confiées à des inconnus. Dans l'industrie, les jeunes issus des écoles d'ingénieurs intégraient les industries à des postes d'ingénieurs et les qualités qu'ils démontraient dans la pratique pouvaient leur permettre d'espérer un jour en devenir directeur.

Trois carrières de dirigeants : Henri Fayol, Henri Germain et Pierre Lefaucheux

L'exemple de la carrière d'***Henri Fayol*** (1841-1925) constitue l'exemple d'une carrière réussie dans l'industrie. Ingénieur de l'école des mines de Saint-Étienne, il rentre à 19 ans aux Houillères de Commentry en 1860. Devenu directeur en 1866, il contribue aux fusions avec les usines de Fourchambault et Decazeville. Il deviendra directeur général du groupe en 1888 et le restera jusqu'en 1918.

La carrière d'***Henri Germain*** (1824-1905), le premier président du Crédit Lyonnais créé en 1863, offre un autre exemple. Fils d'un soyeux lyonnais, il n'a à ses débuts qu'un capital de 100 000 francs. La dot de son épouse (760 000 francs) lui permet de conforter sa fortune. À la fondation de la banque, il ne détient qu'à peine plus de 5 % du capital de l'entreprise, mais eu égard au nombre d'actionnaires (plus de 300), il est l'un des plus influents. Sans être encore le prototype du directeur salarié (Germain est encore propriétaire d'une partie du capital), le portrait d'Henri Germain apparaît singulièrement différent de celui des dirigeants de la petite banque traditionnelle du XIXe siècle. Ces derniers étaient encore souvent des enfants de riches familles négociantes qui créaient des banques dont l'étendue ne dépassait guère, pour la plupart, le département.

Pierre Lefaucheux (1898-1955) devient le président-directeur général de la régie Renault de 1946 à sa mort. Volontaire en 1917, il passe avec succès le concours de l'École Centrale des Arts et Manufactures en 1919. Dans l'Entre-deux-guerres, il travaille successivement à la Compagnie des chemins de fer du Nord, la Société Dyle et à la Compagnie des fours où il devient directeur avant 1939. Résistant, compagnon de l'ordre de la Libération, il devient administrateur puis directeur de la Régie Renault. Il meurt dans un accident de la route en 1955. Sous sa présidence, il transforme l'entreprise : avant-guerre, Renault produisait des voitures de luxe ou de gamme intermédiaire. Renault nationalisé, c'est Lefaucheux qui lancera l'entreprise sur le segment du bas de gamme avec notamment la 4CV.

D'après Peaucelle [2003], J. Bouvier (1961), *Le Crédit Lyonnais de 1863 à 1882*, SEVPEN et Sardais [2010].

Les arguments en faveur de la professionnalisation du métier de dirigeant sont renforcés au XXe siècle. La constitution de groupes avec de multiples filiales et l'accroissement de leur taille rendent difficile le suivi régulier de la gestion à de nombreux conseils d'administration. Dans ce contexte, le recours à des directeurs salariés recrutés en raison de leurs compétences apparaît comme une solution de sagesse. Les travaux de Maurice Lévy-Leboyer montrent ainsi que la formation des dirigeants devient de plus en plus poussée : dans les années 1910, seuls 15 % ont une formation d'ingénieurs ou de juristes. Dès les années 1930, ils sont plus de 48 %.

Les trente glorieuses accentuent encore le phénomène : la fusion entre Saint-Gobain et Pont-à-Mousson en 1970 en fournit un bon exemple. Le dirigeant qui prend la tête du nouvel ensemble sera Roger Martin, PDG de Pont-à-Mousson qui y a effectué toute sa carrière. À l'inverse, le PDG de Saint-Gobain, Arnaud de Vogüé ne sera pas choisi alors qu'il représente l'une des grandes familles, actionnaire historique de l'entreprise. La carrière de Roger Martin est le type même de celle du dirigeant salarié de grande entreprise : ancien élève de l'École Polytechnique (1935), puis des Mines (1937), il est ensuite haut fonctionnaire jusqu'en 1948. Directeur général adjoint en 1953, directeur général en 1959, il devient PDG de Pont-à-Mousson en 1964.

L'apparition de la problématique de la gouvernance dans les années 1980 ne change pas radicalement le portrait des grands patrons français. Par ailleurs, le passage par une grande école (Polytechnique, HEC, ENA, etc.) puis la carrière au sein d'un groupe constituent toujours la carrière-type des dirigeants français d'aujourd'hui. Les liens entre le secteur public et le secteur privé apparaissent souvent flous en France, nombre de hauts fonctionnaires allant pantoufler dans le privé.

Les autres acteurs de la gouvernance

La gouvernance ne se résume évidemment pas aux seuls actionnaires et dirigeants ; le rôle de quelques autres acteurs en matière de gouvernance est ici plus brièvement mentionné.

a) L'État

D'un point de vue historique, le rôle de l'État dans la gouvernance des entreprises tient en deux rôles : l'État agit d'abord en tant que propriétaire d'un certain nombre de services ou d'entreprises qui sont soit nationalisés, soit privatisés. L'État pèse aussi sur la gouvernance en réglementant les conditions dans lesquelles celle-ci se met en place.

La place de l'État en tant qu'actionnaire est évidemment très forte : la Compagnie des Indes aux XVIIe et XVIIIe siècles, la manufacture de Sèvres depuis le XVIIIe siècle, les manufactures de tabac et d'allumettes depuis le XIXe siècle, la SNCF ou les PTT depuis l'après-guerre, autant d'organisations que l'État a sinon créées, du moins modelées profondément et durablement. Au nom du service public, des obligations régaliennes et de la cohérence d'un réseau, l'État a longtemps considéré que la détention de grandes organisations était le meilleur moyen de privilégier l'intérêt général. Il en résultait une gouvernance où l'État nommait (et nomme encore aujourd'hui) de grands commis pour présider aux destinées de l'entreprise ou du service. Il s'ensuivait de réels dilemmes entre l'impératif de gestion à l'équilibre d'une part et la délivrance d'un service public à moindre coût pour l'usager d'autre part.

Aux grandes périodes de nationalisations (1936, 1945 et 1981-1982), vont succéder des étapes de privatisations entamées en France depuis 1986. Les activités bancaires (Société Générale, BNP, etc.) ou industrielles (Saint-Gobain, etc.) sont privatisées dès les années 1980. Mais le périmètre même des activités publiques se trouve rapidement amoindri, le privé paraissant plus à même de gérer de nombreuses activités (télécommunications, énergie, transports, etc.). Le rôle de l'État dans la gouvernance des nouvelles structures s'en trouve réduit : tout au plus, peut-il peser dans le choix des acheteurs.

Si le rôle de l'État dans la gouvernance des grandes entreprises tend à diminuer au travers d'un actionnariat direct, ***ses interventions indirectes s'intensifient***. Il faut d'abord insister sur la complexification progressive du droit des affaires qui multiplient les formes sociales depuis deux siècles. De façon plus générale, le développement de différents droits (fiscalité, droit social, etc.) vient peser sur les décisions des entreprises. Il faut ensuite y ajouter les aides (directes ou indirectes) que l'État ou les collectivités locales apportent aux entreprises à des fins particulières (création et/ou sauvegarde d'emplois, etc.). Si le rôle direct de l'État a diminué, son pouvoir réglementaire et l'assistance qu'il apporte ponctuellement lui permettent de conserver un poids substantiel dans la gouvernance des entreprises.

b) Les banques

Une des particularités de l'économie du XVIIIe siècle est de nécessiter encore peu de capitaux. Le recours à l'endettement (et plus particulièrement l'endettement bancaire) est souvent vécu comme un risque pour l'organisation et demeure tout à fait marginal. C'est à cette époque qu'on retrouve ainsi des instructions de Conseils d'administration qui défendent le recours à la moindre dette. L'autofinancement et les éventuelles augmentations de capital sont les seules ressources financières des entreprises.

Il faut reconnaître que l'activité bancaire est alors modeste. En province, les banquiers sont aussi négociants la plupart du temps. C'est seulement à partir des premières années du XIXe siècle que les banques spécialisées se mettent en place et à partir de la moitié du XIXe siècle que se constituent les grandes banques où se mêlent les activités d'affaires et de dépôt. C'est d'abord dans les chemins de fer que les banques vont investir à long terme, étant donné les besoins colossaux (pour la réalisation des premières lignes) en capitaux de ces industries.

La place des banques dans le financement des entreprises est souvent restreinte. Le recours aux opérations de trésorerie comme l'escompte demeure encore limité aux grandes entreprises dans la deuxième moitié du XIXe siècle.

Ces deux fonctions (financement à long et à court terme) iront en s'accroissant au XXe siècle. À partir de celui-ci, le rôle des banques se trouve entièrement modifié par le recours accru aux marchés financiers d'une part et la déréglementation d'autre part : si les banques perdent leur rôle d'intermédiaire, elles acquièrent une fonction de conseil, que ce soit pour les opérations de fusion acquisition ou pour l'introduction de titres sur les marchés financiers.

c) Les salariés

Une des seules formes d'entreprise prévoyant une véritable implication des salariés dans la gestion est évidemment les ***coopératives***. Qu'elles soient ouvrières ou agricoles, elles consistent à faire de chaque salarié le détenteur d'une part de capital et participe à ce titre à la gestion de l'entreprise. Ce mode d'organisation, bien que minoritaire, demeure aujourd'hui utilisé dans les petites structures, notamment agricoles.

Le rôle des salariés dans la gestion de l'entreprise fut longtemps très limité. Le secret des affaires leur est fréquemment opposé et il faut attendre l'après 1945 pour voir les salariés plus directement associés à la gestion. La création du Comité d'Entreprise en 1946 constitue une première étape. Ce dernier permet à des élus du personnel d'avoir un droit de regard sur la gestion de l'entreprise dès qu'elles touchent au travail ou aux conditions de travail. De plus, le Comité d'Entreprise bénéficie de la possibilité de se faire assister d'un expert-comptable (aux frais de l'entreprise) pour comprendre la situation économique de l'entreprise.

L'autre façon d'impliquer les salariés dans la gestion des entreprises est évidemment ***l'autogestion***, laquelle connût dans les années 1960 et 1970 un véritable engouement, symbolisé par la grève chez Lip en 1973 et porté par la CFDT. L'idée est de remplacer la direction habituelle par un comité élu par les salariés. En dépit d'un engouement intellectuel réel, le mouvement ne s'impose pas. Il manque encore une étude historique de synthèse sur cette question mais on peut penser que la crise économique de 1973 fragilise ces jeunes entreprises. De plus, la reprise de certains thèmes comme le management participatif dès les années 1980 contribue à affaiblir l'originalité du mouvement autogestionnaire.

2 Organiser l'entreprise

Si l'on s'intéresse maintenant à la gestion quotidienne, la caractéristique de la grande entreprise est sa capacité à mettre en place une série de fonctions qui définissent les attributions de chacun et la hiérarchie. Même si des différences existent selon les secteurs, la division du travail entre les tâches d'encadrement et de conception d'une part et d'exécution d'autre part est assez générale.

Les recherches sur l'histoire de la figure de l'ouvrier sont nombreuses et nous ne prétendons évidemment que les résumer ici à grands traits. Le point qui nous intéresse porte sur la dépossession progressive de l'ouvrier de l'appareil de production. Au XVIIIe siècle, sa situation est encore souvent celle d'un travailleur non salarié qui travaille pour le compte de négociants lui rachetant l'essentiel de sa production. Son indépendance est cependant encore garantie par sa connaissance de l'ensemble du processus de production.

À partir du début du XIXe siècle, l'ouvrier de la grande entreprise voit son autonomie progressivement réduite : il devient salarié de l'entreprise et perd progressivement le contrôle de l'appareil de production. De nouveaux acteurs apparaissent soit pour le décharger progressivement des tâches qu'il pouvait être amené à effectuer (ingénieur, employé de bureau), soit pour le contrôler (contremaître, cadre). Ce sont ces fonctions que nous allons maintenant présenter.

■ *Le contremaître*

Dans l'organisation industrielle traditionnelle du XVIIIe et du début du XIXe siècle, l'existence d'une hiérarchie dans la conception contemporaine du terme n'a pas encore de sens. S'il existe une hiérarchie au sens d'un ordre, le pouvoir de cette dernière est encore très limité, ne serait-ce qu'en raison du faible taux d'encadrement. Comme le note Philippe Lefebvre, le mode d'organisation traditionnel du travail est alors rationnel eu égard aux contraintes économiques (importance des capitaux, coût et difficultés d'approvisionnement, etc.) et aux façons de penser de l'époque. En effet, le coût de l'encadrement apparaît à beaucoup de chefs d'entreprise comme un frein à un encadrement plus important.

À partir de la fin du XIXe siècle, l'apparition du contremaître correspond à ***une redistribution des fonctions dans l'entreprise***. On n'attend plus seulement des ouvriers qu'ils fournissent la production demandée, mais aussi que l'entreprise puisse s'organiser selon les volontés de la direction. Concrètement, cela signifie que le contremaître va désormais s'occuper de l'allocation, du contrôle et de la surveillance du travail. C'est lui qui, chaque matin, s'occupera de choisir les ouvriers embauchés pour la journée. C'est aussi lui qui les positionnera sur la chaîne de production et contrôlera la bonne exécution du travail.

Le déclin des paysans-ouvriers à la fin du XIXe siècle (voir chapitre précédent) accentue l'importance du changement. Le travail en usine est de moins en moins un revenu d'appoint. Le fait d'être embauché à la journée devient désormais le signe d'une dépendance envers l'industriel. Le pouvoir du contremaître restera très fort dans le quotidien de l'ouvrier de l'industrie au XXe siècle, même si l'ingénieur encadrera de plus en plus son travail. Il en découlera de multiples conflits sociaux qui perdureront une grande partie du XXe siècle. Les témoignages d'intellectuels travaillant en usine, Simone Weil ou Robert Linhart, attesteront de la violence des relations sociales pouvant exister entre ouvriers et contremaîtres (voir ci-dessous).

Le pouvoir hiérarchique vu par un intellectuel-ouvrier à Citroën (Paris-Javel) en 1967

« Ils ont des sociologues, des psychologues, des études, des statistiques, des spécialistes de relations humaines, des gens qui font des sciences humaines, ils ont des indics, des interprètes, des syndicalistes jaunes, ils ont la maîtrise qui tâte le terrain, et ils confrontent l'expérience de Choisy à celle de Javel, et celle de Levallois à celle de Clichy, et ils prennent l'avis des autres patrons, et ils font des conférences, et ils distribuent des crédits pour mieux connaître tout ça, et étudiez-moi donc les conflits et le comportement de la main-d'œuvre immigrée, et la mentalité de l'OS moyen, et l'absentéisme et tout ça, et tout ça. [...]

De fait, si on regarde travailler Demarcy juste deux ou trois minutes, il semble perdre du temps à tripatouiller son établi, à déplacer les écrous, à ajuster les cales. Évidemment si on observe longtemps, on se rend compte que tout ça est bien au point et que le retoucheur tire un excellent parti de son engin. Mais les types des méthodes ne vont pas passer des heures sur chaque poste : quelques coups d'œil et ils sont sûrs d'avoir compris. Ils ont fait des études et tout, l'organisation scientifique du travail, ils connaissent ! » (pp. 159 et 163).

R. Linhart (1978), *L'établi*, Double.

■ *L'ingénieur*

Parallèlement au contremaître, une autre figure de l'encadrement se développe au XIXe siècle : il s'agit de l'ingénieur. Celui-ci se différencie du contremaître de par sa connaissance supposée de questions techniques pour lesquelles il a reçu une formation particulière dans des écoles spécialisées. L'ingénieur arrive donc souvent jeune à l'usine, le contremaître étant généralement plus âgé, son statut résultant essentiellement de l'expérience acquise avec les années. La périodisation provient du travail d'Anne-Françoise Garçon à propos de l'École des Mines de Saint-Étienne.

À ses débuts, l'ingénieur se cantonne à un rôle technique. C'est lui qui conseille les dirigeants sur les solutions techniques les plus pertinentes : c'est l'époque de ***l'ingénieur pédagogue*** (1780-1840).

À partir des années 1840, commence une deuxième époque (1840-1890). C'est à ce moment qu'apparaît ***l'ingénieur civil***, à mi-chemin entre la pratique quotidienne et l'expérimentation. L'ingénieur n'est donc plus seulement vu dans l'entreprise comme un savant, mais aussi comme celui qui détient des solutions techniques à des problèmes immédiats.

La dernière période (à partir des années 1880-1890) consacre la genèse de ***l'ingénieur administrateur***. C'est à ce moment que sous l'effet d'une concurrence accrue, les connaissances techniques vont commencer à être gérées comme une ressource à part entière. Dans cette optique, il devient un personnage central dans le fonctionnement de l'entreprise Il peut désormais finir sa carrière comme directeur d'usine et à ce titre exercer également des tâches administratives.

L'essor de la figure de l'ingénieur ne va évidemment pas sans poser un certain nombre de conflits avec le contremaître. Un équilibre des fonctions va néanmoins se trouver : le contremaître reste au plus près de la production alors que l'ingénieur s'intéresse à un niveau plus général. Il faut dire que ces derniers sont encore peu nombreux (du moins sont-ils en nombre insuffisant pour se substituer aux contremaîtres). Il leur manque souvent une connaissance du quotidien, notamment dans certains secteurs (les mines par exemple).

Les carrières dans l'industrie

« Les ingénieurs étaient donc promis à un avenir très différent selon leur milieu d'origine. Ceux issus des classes aisées passaient généralement d'une entreprise à l'autre pour aboutir finalement à Paris. Ceux d'origine humble passaient souvent toute leur vie dans la même firme, en se frayant un chemin, jusqu'à un modeste poste de chef de service. Celui qui n'avait pas de diplôme d'ingénieur et qui souhaitait réussir dans l'industrie parvenait rarement au sommet des grandes entreprises. Ces directions n'acceptaient pas l'idée d'une firme confiée à des amateurs. Les non-scientifiques pouvaient devenir chefs des ventes, de la comptabilité, directeurs administratifs ou chefs du personnel, mais en France ces postes ne menaient jamais à la haute direction ; leur pouvoir et leur prestige étaient bien moindres qu'aux États-Unis. Il s'agissait plutôt d'une voie de garage représentant le plus haut niveau auquel un directeur moyen pouvait prétendre. C'étaient les responsables de la production qui étaient promus le plus souvent » (p. 163).

T. Zeldin (1973), *Histoire des passions françaises*, Payot, tome 1 (Ambition et Amour).

■ *L'employé de bureau*

Les tâches administratives ont longtemps constitué une tâche annexe dans les organisations. Jusqu'à la fin du XIXe siècle, le personnel administratif est des plus limité. Pour devenir ***commis*** (le terme employé ne se répand que plus tard) dans une maison de commerce, une industrie ou une banque, on demande d'abord une bonne maîtrise de l'écriture et du calcul, compétences encore très inégalement maîtrisées au XIXe siècle. Le commis assure alors une multitude de fonctions : il s'occupe par exemple de vendre la journée, passe les commandes et tient les comptes le soir.

Avant de nécessiter des compétences particulières (qui seraient multiples eu égard à l'ensemble des tâches qu'on lui demande), le commis doit d'abord inspirer la confiance à son patron. On lui confie en effet des tâches sensibles (comme par exemple la tenue de la comptabilité). Cette relation de confiance explique que le poste de commis soit alors souvent un marchepied vers la direction de l'entreprise. Pour de nombreuses familles, cette profession est synonyme d'ascension sociale. Parfois, le travail de bureau est alors assuré par des enfants de commerçants qu'on veut initier à la profession.

À partir de la fin du XIXe siècle, la bureaucratisation des entreprises bouleverse la fonction : le nombre d'employés se multiplie, leurs fonctions s'affinent : comptable, secrétaire, expéditionnaire, autant de spécialisations qui augurent de la disparition des employés de bureau multifonctions. Le nombre d'employés augmentant, il devient de plus en plus exceptionnel de gravir les échelons jusqu'à la direction générale. Plus généralement, on observe une progressive déqualification des fonctions d'employé de bureau, les recrutements des nouveaux employés se faisant souvent aux échelons les plus bas.

À partir du début du XXe siècle, on voit apparaître de nouveaux équipements qui changent le travail de bureau : machine à écrire dès avant 1914 et dans l'Entre-deux-guerres, machines comptables ou téléphones. C'est aussi la période où les bureaux se féminisent, comme par exemple l'emploi de secrétaire. Ces recrutements permettent à beaucoup d'entreprises de diminuer leurs coûts, les femmes étant payées sensiblement moins que les hommes.

La conséquence de cette ***déqualification progressive*** est évidemment un changement de statut : l'exemple des attitudes des employés de Pont-à-Mousson pendant les grèves de 1905, 1920 et 1936 en est la preuve. En 1905, non seulement, les employés ne sont pas grévistes, mais la direction n'hésite pas à leur donner des conseils pour éviter les grévistes à leur arrivée au travail. En 1920, ils ne sont toujours pas grévistes, mais les conseils ont disparu. En 1936, la majorité fera grève... L'après-guerre ne modifie pas la place de l'employé de bureau. Dans l'entreprise, il est désormais celui qui produit une information ou un service, à l'instar de l'ouvrier dans l'industrie. C'est cette nouvelle catégorie sociale qui met en place au quotidien la plupart des outils de gestion qui se sont élaborés au cours des deux derniers siècles (comptabilité, ressources humaines, marketing, etc.).

■ *Le cadre*

Le cadre apparaît dans les années 1930, c'est-à-dire plus tardivement dans l'entreprise que d'autres catégories sociales. Les cadres incluent les ingénieurs, mais cela va largement au-delà : ils comprennent également les chefs de bureau issus de la bureaucratisation des entreprises. D'un point de vue sociologique, les cadres trouvent leur unité dans leur ***adhésion à la démarche***

managériale des entreprises, cette dernière résultant en grande partie de l'influence américaine (missions de productivité aux États-Unis au début des années 1950). Dans les années 1950 et 1960, on ne compte plus le nombre de groupements professionnels visant à rassembler chaque cadre sur ses problématiques propres : le Conseil National d'Organisation Française (CNOF) *via* notamment l'École d'Organisation Scientifique du Travail (EOST), l'Association Nationale Des Chefs de Personnel (ANDCP), etc.

La genèse du cadre ne doit pas laisser penser que la hiérarchisation dans l'entreprise est une caractéristique qui distinguerait l'entreprise moderne de ses prédécesseurs. Au XVIIIe et au début du XIXe siècle, un chef est dénommé par exemple premier commis dans le commerce. Il exerce encore les mêmes activités que les autres commis, son autorité étant simplement un supplément. Devenir chef d'un service change à partir de la fin du XIXe siècle. Outre l'intitulé de la fonction, le chef doit désormais s'attacher à coordonner les activités et non plus tant à les pratiquer. Ce point est plus saillant dans les fonctions administratives. À partir du début du XXe siècle, le chef d'un service de la grande entreprise ne doit plus tant être un technicien qu'un organisateur, c'est-à-dire celui qui saura répartir, contrôler et rendre compte du travail de son service.

Que l'on évoque l'employé de bureau, l'ingénieur, le contremaître ou le cadre, tous ont comme caractéristique de participer à un titre ou un autre à la mise en place des techniques de gestion développées au chapitre précédent.

3 Expertiser l'entreprise

Dans le premier chapitre de l'ouvrage, nous avons rappelé la conception de la gestion au cours du XVIIIe siècle : on retrouve d'un côté des ***savoirs très techniques*** (comptabilité, finance, droit) qui peuvent s'enseigner et de l'autre, des ***pratiques*** qui ne peuvent s'enseigner. Concernant ces dernières, la liberté du dirigeant paraît être déterminante : c'est lui qui connaît le mieux son organisation et il doit donc être le mieux à même pour prendre les décisions appropriées. Dans cette optique, il ne peut y avoir d'activités de conseil extérieures à l'entreprise.

C'est seulement à partir de la fin du XIXe siècle que vont apparaître les ***activités de conseil*** pour l'entreprise. Elles partent d'un même postulat qui, à l'origine, n'a rien d'évident : une personne extérieure à l'entreprise serait mieux placée pour conseiller le chef d'entreprise. Pour qu'un tel mouvement soit possible, il faut que ce conseiller détienne (ou paraisse détenir) un savoir ou une compétence particulière dont l'entreprise est dépourvue. L'histoire de ces professions est donc intimement liée à un processus de légitimation auprès des entreprises.

L'expertise comptable et le commissariat aux comptes

L'expert-comptable exerce auprès de l'entreprise une activité de conseil, alors que ***le commissaire aux comptes*** certifie les comptes. Même si les compétences mobilisées sont proches, les rôles des deux professions diffèrent sensiblement. La profession comptable française se structure plus tard et différemment de celle des pays anglo-saxons. Alors que cette dernière s'organise dès le milieu du XIXe siècle, la création de l'ordre des experts-comptables en France ne remonte qu'à 1942 et celle de la Compagnie Nationale des Commissaires aux Comptes qu'à 1969.

Le Plan comptable de 1942 et l'Occupation Allemande

On peut légitimement se demander quelle influence a pu avoir l'Occupation allemande sur le premier Plan comptable français, paru en 1942 : autrement dit, le premier plan comptable français n'est-il qu'une transcription du Plan Goering de 1937 ou s'est-il constitué indépendamment ?

Les recherches récentes fournissent des éléments factuels de réponse à ces questions : d'une part les autorités allemandes n'ont été prévenues que tardivement dans le processus de décision. Il faut dire que depuis la fin du XIXe siècle et les premiers projets d'unification de la comptabilité, nombre d'auteurs s'étaient exprimés sur ces questions et que plusieurs d'entre eux ont participé à la rédaction du projet. D'autre part, la comparaison des plans comptables français et allemands fait apparaître des différences significatives, ce qui laisse penser que l'influence a été moindre que celle dénoncée à la Libération.

D'après O. Ouriemmi (2010), « Le plan comptable de 1942 : un plan "de" ou "sous" l'Occupation ? », *Journées d'Histoire de la Comptabilité et du Management*.

Le ***besoin d'expertise*** au XIXe siècle se pose pourtant dans plusieurs domaines : au tribunal de commerce, lors des faillites, la maîtrise de la comptabilité s'avère souvent utile à la procédure judiciaire. Le problème se pose aussi dans les sociétés anonymes dont la création est facilitée par la loi de 1867. La loi prévoit explicitement le recours à un commissaire aux comptes chargé de contrôler la tenue des comptes. Enfin, dans les entreprises où les compétences comptables sont souvent limitées, le recours à un tiers ne serait pas sans intérêt. C'est d'ailleurs ce que font nombre de petits commerçants qui confient la tenue de leurs livres à des comptables ambulants, c'est-à-dire la plupart du temps à des individus disposant de connaissances très sommaires.

C'est seulement à la fin du XIXe siècle que le mouvement de professionnalisation commence à se structurer avec la création de liste d'experts au tribunal de commerce de Paris ou l'apparition d'associations. La professionnalisation se poursuit ensuite lentement, avec la distinction entre les comptables salariés et les experts-comptables durant l'entre-deux-guerres. Déjà à cette époque, on retrouve les experts-comptables donnant parfois des conseils qui excèdent la seule technique. L'organisation du travail ou la stratégie sont ainsi évoquées, notamment dans leurs activités auprès des grandes entreprises. La création de l'Ordre en 1942 (puis sa recréation à la libération) ne fait qu'asseoir la légitimité d'une profession.

La particularité de l'expert-comptable réside dans son champ d'action : il ne se cantonne pas aux seules questions comptables et peut s'intéresser aux sujets attenants : droit des affaires, droit social, fiscalité, trésorerie, stratégie, etc. La fiscalité va initialement contribuer à asseoir la légitimité de l'expert-comptable avec la création de l'impôt sur le revenu. Le calcul de l'impôt dû par l'entreprise étant lié à son bénéfice, la détermination de ce dernier (et plus généralement l'ensemble de la comptabilité) devient un enjeu majeur pour beaucoup d'entreprises. L'expert-comptable devient une aide importante dans la réalisation de ces tâches et dans les éventuels contrôles fiscaux et sociaux, sans oublier tous les problèmes juridiques qui se présentent avec la multiplication des réglementations.

À partir de 1973, l'État propose une déclinaison originale de l'expertise comptable via les Centres de Gestion Agréés (CGA). Ceux-ci se destinent aux petits entrepreneurs en leur proposant, moyennant un abattement fiscal, d'avoir recours à ces centres, essentiellement composés d'experts-comptables, qui les conseillent en outre en matière de gestion.

Le mouvement de professionnalisation des commissaires aux comptes est plus lent : l'absence de réglementation publique (et de normalisation privée) rend longtemps suspecte les pratiques d'audit des comptes. On soupçonne ainsi que de nombreux commissaires aux comptes n'ont pas les compétences nécessaires ou sont choisis en raison de leurs amitiés avec les dirigeants, ceci ne favorisant pas la crédibilité de l'audit effectué.

■ *Des ingénieurs-conseils aux consultants*

À côté de la seule expertise comptable, les consultants vont s'affirmer comme des conseils de l'entreprise. Depuis la fin du XIXe siècle, on retrouve notamment des ***ingénieurs-conseils***, c'est-à-dire des ingénieurs travaillant pour leur propre compte. Ceux de la fin du XIXe et du début du XXe siècle s'occupent évidemment d'abord des questions d'organisation de la production. L'introduction du taylorisme pousse les ingénieurs à s'emparer de certaines problématiques organisationnelles. La question de l'éclairage fournit un bon exemple : la compétence technique légitime l'intervention de nombre d'ingénieurs-conseils (dont témoigne la presse professionnelle de l'époque) pour rechercher l'aménagement qui permettra d'obtenir la meilleure productivité.

Contrairement à d'autres professions libérales (experts-comptables, architectes, etc.), celle d'ingénieur-conseil ne s'est pas structurée. Il faut dire que l'idée de faire commerce de conseils constituait un frein important. Jusqu'à la fin du XIXe siècle, les idées scientifiques circulent couramment et gratuitement entre ingénieurs. On s'échange des informations aisément. Mais sous l'effet d'une concurrence accrue, les entreprises vont se méfier de ces échanges, préférant garder pour elles-mêmes les connaissances développées en leur sein ou acquises (*via* les recrutements ou la recherche et développement).

L'ingénieur-conseil s'intéresse d'abord essentiellement aux problématiques liées à la production. Mais l'arrivée du taylorisme et du fayolisme dans l'Entre-deux-guerres étend progressivement son champ d'activité : l'organisation des ateliers mais aussi des bureaux, la publicité, etc. sont autant de dimensions progressivement conquises. Il ne se caractérise bientôt plus par ses compétences d'ingénierie, mais plutôt par une ***compétence managériale*** au sens large. Comme l'expert-comptable, il sera désormais en pointe dans la diffusion des nouvelles techniques.

Il faut dire qu'il y a tout intérêt. L'introduction de nouvelles techniques sera souvent un moyen de justifier son expertise auprès de ses clients et donc son emploi. L'apparition des matrices dans la définition d'une stratégie d'entreprise, le *yield management* (optimisation des capacités), la méthode de calcul des coûts dite ABC, le *reengeneering* (remise en question radicale des modes d'organisation de l'entreprise), autant d'exemples où les consultants seront en pointe.

McKinsey au Crédit Lyonnais (1970-1973)

Les archives des entreprises s'ouvrant au fur et à mesure, on peut désormais mieux comprendre l'arrivée en Europe dans les années 1960 et 1970 des grands cabinets de conseil américains (BCG, McKinsey, etc.). Cet exemple illustre l'importance des relations de proximité entre dirigeants et consultants :

– d'une part, c'est l'occasion de montrer que le dirigeant est peut-être davantage le véritable client que l'entreprise. Il en découle une mission implicite qui ne serait pas tant de conseiller que de légitimer la stratégie du dirigeant ;

– d'autre part, en s'intéressant aux pratiques du consultant, on peut également se demander si, derrière ces préconisations, ne se cache pas d'abord l'envie de conserver un client rémunérateur (le Crédit Lyonnais), plutôt que de répondre à des problèmes immédiats. Autrement dit, il s'agirait plus de susciter une demande à long terme que d'y répondre trop vite.

D'après J. Ostarena (2010), « Une approche historique de la relation de conseil – Le cas de l'intervention de McKinsey au Crédit Lyonnais entre 1970 et 1973 », *Journées d'Histoire de la Comptabilité et du Management*.

■ Le publicitaire

À partir du début du XXe siècle, un nouvel acteur apparaît au côté de l'entreprise, le publicitaire. Rappelons d'abord que la publicité de la fin du XIXe et du début du XXe siècle comprenait les affiches, les catalogues ou les encarts achetés dans les journaux de l'époque. Elle pouvait être assurée par la direction commerciale ou par un courtier qui s'occupait alors de la conception puis du placement. C'est ainsi que naîtra l'agence de presse Havas en 1842.

Le publicitaire apparaît à partir du début du XXe siècle. Dans les années 1920, de nombreuses entreprises recrutent ainsi des chefs de publicité : les éditions Dunod, les grands magasins (Felix Potin, les Docks du Centre, etc.) ou l'automobile sont autant de secteurs qui recrutent de tels employés. Dans certains secteurs, la publicité occupe même une place prépondérante : dans la grande distribution, le budget publicité représente 2 à 3 % du chiffre d'affaires dans les années 1920. Conséquence de la crise, les années 1930 voient les budgets diminuer avant qu'ils n'augmentent à nouveau durant les trente glorieuses.

Parallèlement, on voit se développer des ***agences publicitaires*** travaillant pour de grandes entreprises. L'exemple de Publicis, créé en 1926 par Marcel Bleustein-Blanchet, en est une illustration. Dès les années 1930, il réussit à développer les radios, financées par la publicité. Les trente glorieuses consacreront l'agence qui réussira à tisser des liens très forts avec de grandes entreprises qui leur confieront leur activité publicitaire. La technicité du métier et l'accent mis sur les enquêtes d'opinion (développée d'abord essentiellement aux États-Unis) après-guerre rendent également compte de son succès.

Deux pionniers de la publicité

« ***Eugène Bernier***, courtier, né en 1868, est entré dans le monde de la publicité par l'intermédiaire de son oncle, attaché aux services de publicité du quotidien *L'Intransigeant*, qui l'engage lorsqu'il sort du collège en 1887. Il reste dix-sept ans dans l'Agence parisienne de publicité, filiale de l'agence Havas fondée par deux régisseurs de *L'Intransigeant* où il est successivement courtier, caissier puis fondé de pouvoir. Il a dès 1908 un rôle actif à la Chambre syndicale de la publicité [...].

Octave-Jacques Gérin, né en 1875, fait des études de « commerce » à Paris et en Angleterre, puis est engagé dans une fabrique de spécialités bordelaises où il s'initie à la publicité. Il fonde en 1904 à Paris, l'un des premiers « cabinets-conseils » en publicité où il formera toute une génération de publicitaires [...].

> Ces deux personnages incarnent [...] deux définitions de l'activité publicitaire : un échange d'espace publicitaire au service d'un organe de presse ou une technique au service d'un annonceur. »
>
> Chessel [1998], p. 20.

4 Renouvellement et permanence des acteurs

Derrière ce triptyque des grands rôles (gouvernance, organisation, expertise), se cachent évidemment d'autres acteurs. Nous ne prétendons pas tous les nommer ici, mais plutôt présenter les grandes fonctions qu'ils remplissent.

Nous voudrions ici évoquer deux acteurs. Le premier est le consommateur : s'il n'existe pas en tant que réalité physique, c'est bien en son nom que le marketing management moderne s'est constitué. Le deuxième tient au rôle de l'épouse dans les petites entreprises. Cet exemple original montre que certaines tâches sont demeurées étonnamment stables en dépit de l'apparition du management.

■ *Le consommateur*

Durant l'Ancien Régime, le consommateur n'existe pour ainsi dire pas. Il y a certes un acheteur et un vendeur, mais la relation commerciale s'arrête là. Il faut dire que l'essentiel des préoccupations est ailleurs : il faut d'abord s'assurer que les produits (notamment alimentaires) sont en quantité suffisante sur l'ensemble du territoire et notamment dans les campagnes. La fin du règne de Louis XIV et celui de Louis XV sont encore marqués par de grandes famines. Une autre dimension vient s'ajouter : celle de l'éventuelle dangerosité des aliments vendus. Dans ce contexte, pour beaucoup, le pouvoir du consommateur est quasi inexistant. Jusqu'au XVIIIe siècle, la vente des produits de première nécessité (pain, etc.) est très encadrée, pour éviter les famines. La libéralisation des prix est davantage vécue comme un risque que comme une possibilité de diminuer les prix.

Pour autant, il ne faudrait pas résumer cette période à la seule pénurie. Dès cette époque, dans la noblesse urbaine ou la bourgeoisie, se forme les prémisses de la consommation contemporaine. Que ce soit au niveau de l'ameublement, du vêtement ou de la nourriture, des phénomènes de modes apparaissent. C'est à ce moment aussi que se constitue l'idée de goût. En cela, il préfigure déjà la consommation contemporaine même si cette pratique reste confinée à un nombre très limité de salariés.

> ***La culture de consommation au XVIIIe siècle***
>
> « La culture de consommation n'est pas synonyme de société de consommation. La mode et ses nouveautés sont impérieuses. L'objet, moins coûteux, n'est plus rare. Il devient même cassant, mais en même temps, il reste un bien précieux, souvent unique, qui ne se jette pas, qui est conservé, entretenu, échangé. Des pratiques de possession nuancées coexistent et leur correspond une circulation plurielle des marchandises. Les almanachs, et plus encore les livres de comptes, mettent en lumière la dualité de l'objet et la polyvalence des marchands, à la fois innovateurs et conservateurs. Les boutiquiers diffusent les nouveautés mais dans le même temps raccommodent, récupèrent, recyclent, autant de façons d'allonger la durée de vie, de rafraîchir ou de remettre au goût du jour un article démodé. »
>
> D'après Coquery [2011], p. 277-278.

La Révolution puis le Code civil libéralisent l'organisation du commerce : les corporations sont pour la plupart abolies. Les produits peuvent désormais être vendus sans contrainte de quantité et de prix. Sous l'influence des économistes libéraux, l'idée est évidemment de permettre aux consommateurs de choisir eux-mêmes leurs produits, la concurrence devant limiter les prix. C'est dans ce contexte qu'apparaît peu à peu le personnage du consommateur, ce dernier étant ***la personne qu'il faut attirer et s'attacher***. La montée de la publicité et l'apparition des grands magasins s'expliquent naturellement par la montée de ce nouvel acteur.

Le XXe siècle accentue encore le phénomène. C'est l'époque du début du ***marketing management***. Derrière cette expression, se cache l'idée que l'entreprise doit être organisée en fonction des besoins du consommateur. Le management doit simplement permettre la déclinaison de cette orientation client. Le modèle américain de ***société de consommation*** exerce également un puissant attrait durant les trente glorieuses. Cette évolution se double de celle du droit qui s'intéresse plus à l'individu-consommateur qu'à l'individu-salarié : alors que les droits des salariés tendent à diminuer après 1973 au nom d'une flexibilité vécue comme nécessaire, le droit des consommateurs ne cesse de progresser. ***La modernité de la gestion s'incarne aussi à travers le passage du salarié au consommateur***.

■ *Un contre-exemple : l'épouse du petit commerçant*

Ce chapitre met en évidence le renouvellement ou l'apparition de nouveaux acteurs dans la gestion des entreprises. Ce panorama laisse évidemment le sentiment d'un profond bouleversement qui affecte l'ensemble des fonctions. Pourtant, ce n'est pas systématiquement le cas comme le prouvent les exemples de répartition des tâches dans le petit commerce ou l'artisanat.

Ainsi, le rôle des femmes dans les petites entreprises n'a guère évolué. Quand les maris s'occupaient au XVIIIe siècle des tâches manuelles, les épouses étaient au magasin, assurant la vente, la tenue de la caisse et la comptabilité. Les choses ne changent ni au XIXe, ni au XXe siècle. Pourtant, si le travail manuel a longtemps été la tâche la plus noble, le rôle des boulangères au XIXe siècle devient progressivement central : ce sont en effet elles, qui choisissent d'accorder ou non un délai de paiement aux clients.

Toujours est-il que, contrairement aux autres acteurs mentionnés dans ce chapitre, ce cas original rappelle que ***l'évolution des fonctions n'est en rien inévitable***.

Une trajectoire exceptionnelle : Madame de Maraise

Madame de Maraise est l'épouse à la fin du XVIIIe siècle de l'associé d'Oberkampf, M. de Maraise, le directeur de la manufacture de Jouy.

« Malheureusement, à l'épreuve, ses capacités commerciales et comptables [NDLA : celles de M. de Maraise] se révèlent inférieures à sa bonne volonté. « Pour remédier à son insuffisance commerciale » selon Oberkampf, il sacrifie alors son célibat à la prospérité de l'affaire, et épouse, à quarante-deux ans, la commissionnaire de la manufacture sur la place de Rouen, qui en a trente. « Il a trouvé en elle, continue Oberkampf, dans ses Souvenirs, tout ce dont il avait besoin pour s'occuper des écritures, qu'il a fallu recommencer depuis leur origine, pour établir des comptes en partie double et débrouiller par là tous les comptes » (p. 10).

S. Chassagne (1981), *Une femme d'affaires au XVIIIe siècle*, Privat.

L'espace du pouvoir

CHAPITRE
4

Au début de ce quatrième chapitre, nous commençons à mieux cerner les contours de la gestion. Celle-ci se présente comme un pouvoir exercé par un individu (ou un ensemble de personnes) sur d'autres individus. Ce pouvoir passe évidemment par des outils (les techniques présentées au troisième chapitre) et se joue entre des acteurs dont les fonctions ont été construites historiquement. Il ne s'exerce néanmoins qu'au sein d'un espace bien défini, sur lequel ce chapitre se propose de revenir.

Cet espace est évidemment d'abord physique : c'est ***l'entreprise***. Il est aussi temporel, c'est-à-dire ***cantonné aux horaires de travail***. Il correspond enfin à la structure de l'entreprise, c'est-à-dire à la ***ligne de hiérarchie dont chaque salarié dépend***.

Ces différentes dimensions de l'espace bornent le pouvoir que la gestion peut exercer. Puis, à partir de la fin du XXe siècle, la gestion va progressivement s'affranchir de ces frontières pour investir de nouveaux champs : c'est ainsi qu'on va voir arriver le management public ou le coaching qui n'est parfois que la déclinaison du management.

1 L'espace-temps de l'entreprise

Une des caractéristiques majeures du management moderne tient dans sa capacité à ***séparer la vie personnelle de la vie au travail***. Cette séparation se matérialise à travers l'organisation de l'espace et du temps, à la suite notamment des travaux d'Edward Hale.

■ *L'espace-temps de l'Ancien Régime*

> ***Le temps de travail sous l'Ancien Régime***
>
> « Lorsque les hommes avaient le contrôle de leur vie professionnelle, leur temps de travail oscillait donc entre d'intenses périodes de travail et d'oisiveté. [...] À en croire la tradition, les lundi et mardi, la navette du métier à tisser était rythmée par la lente goualante des tisserands : "On a bien l'temps, on a bien l'temps". Les jeudi et vendredi, ils changeaient de refrain : "plus qu'un jour à tirer, plus qu'un jour à tirer". La tentation de rester au lit une heure de plus le matin obligeait à achever le travail tard le soir à la chandelle » (pp. 52-53).
>
> E. Thompson (1967, rééd. 2004), *Temps, discipline du travail et capitalisme industriel*, La fabrique.

Pour bien comprendre les modes d'organisation du travail ou de l'espace sous l'Ancien Régime, pénétrons dans une manufacture de l'époque. Cette dernière est souvent située à la campagne, à proximité immédiate des ressources naturelles (forêt, mines, etc.). La main-d'œuvre recrutée est d'abord locale, ce qui limite souvent la taille de l'établissement. Les salariés sont payés à la journée et ont souvent la possibilité de travailler également aux champs chez certains paysans. La main-d'œuvre ouvrière est donc encore très instable.

L'espace de production est encore inscrit dans l'espace de vie. On rentre ou on sort de la manufacture sans difficulté. En effet, il n'y a pas de séparation entre l'intérieur de la manufacture et l'extérieur. Par conséquent, l'organisation de l'espace relève encore largement de l'ouvrier. D'autres secteurs de l'industrie (textile, coutellerie, etc.) pratiquent également le travail à domicile. Là aussi, l'organisation de l'espace relève directement de la liberté de chaque ouvrier qui travaille selon la demande. Il n'existe que rarement de clôtures ou autres murs pour délimiter l'espace de travail. La séparation entre le lieu de travail et le lieu de vie est très largement inexistante.

Cette distinction ne s'applique pas seulement au monde ouvrier. Dans les bureaux, la présence n'est pas obligatoire. Les recherches de Natacha Coquery rappellent ainsi que la présence dans les ministères n'était nullement obligatoire, nombre de commis travaillant chez eux. Il faut aussi noter que les ministères ne disposaient pas encore d'un espace propre. Les commis travaillaient directement dans les hôtels particuliers et déménageaient au gré des changements ministériels. Les choses ne devaient guère différer dans les entreprises puisqu'à l'occasion d'un détournement de fonds à la manufacture de Sèvres, l'absentéisme du caissier sera dénoncé. Le travail peut donc encore s'effectuer en grande partie chez soi. Dans le négoce toutefois, il semble bien que les obligations des commis étaient plus fortes : il fallait se rendre à son travail tous les jours.

De cette absence de séparation nette entre travail et vie personnelle, il résulte une ***difficulté à imposer des horaires de travail***. Dans le monde ouvrier, on paye encore à la pièce (et non au rendement). Les horaires de travail sont donc la plupart du temps flexibles. Il en va de même dans l'Administration où les employés ne viennent que certains jours ou à certaines heures travailler. Les tentatives d'introduction d'horaires fixes (avec sanction), comme par exemple dans un bureau de comptabilité sous la Révolution, se heurtent à de lourdes résistances. Et même, quand il y a, comme dans le négoce, une obligation de venir travailler au comptoir, les horaires de travail ne sont pas toujours fixes : on vient travailler avec le lever du soleil (à six heures en été et neuf heures en hiver) et les soirs de grande activité (marchés, foires, etc.), les commis peuvent rester travailler tard sur leurs livres pour rattraper leur retard.

Le lieu même du travail mérite quelques remarques. Il est encore rare que les lieux soient conçus à des fins productives. On part plutôt d'une architecture existante et on essaye d'en tirer le meilleur parti. Cela est particulièrement vrai des locaux administratifs et de direction. Les premiers sont souvent d'anciens logements ou appartements qui sont ensuite réaménagés en bureaux plus ou moins sommaires. L'espace de la direction obéit à d'autres règles. Le lieu doit être imposant et nombre de directeurs choisissent des hôtels particuliers tant pour le prestige que pour la bonne santé financière que laisse supposer le choix de tels lieux. Le lieu de travail doit encore être l'emblème d'une puissance avant que d'être organisé en vue d'être plus efficace.

■ *Genèse de l'espace-temps moderne*

La constitution de l'espace-temps moderne est caractéristique de la révolution industrielle. La manufacture de toile de Jouy dirigée par Oberkampf en est un exemple pionnier dès la fin du XVIIIe siècle. Dans le monde ouvrier, l'essentiel du processus se déroule au XIXe siècle. Le même processus arrivera dans les bureaux au début du XXe siècle.

L'espace productif est conçu pour permettre une production plus efficace. La ligne de production apparaît, le produit passant de mains en mains. Cette nouvelle conception de l'espace de travail emporte avec elle un certain nombre de conséquences : les ouvriers doivent tous être présents en même temps pour permettre la réalisation effective de la production. Pour réaliser de tels bâtiments, on a recours à des architectes ou des ingénieurs spécialisés qui construisent pour un usage spécifique (usines, bureaux, etc.). Ce mouvement s'appuie sur le mouvement fonctionnaliste (rejet de l'esthétique au profit de l'utilitaire) qui apparaît à partir du début du XIXe siècle.

L'architecture bancaire au tournant du XXe siècle

« Désireuses de donner avant tout une image rassurante de richesse, de stabilité et de respectabilité, les banques présentent de lourdes façades conventionnelles dont l'éclectisme Beaux-arts s'inspire de celui des bâtiments officiels et auxquelles un barreaudage aux élégantes ferronneries confère une image de sécurité rassurante pour la clientèle. À l'inverse, l'aménagement intérieur témoigne souvent d'une grande modernité. Les contraintes de sûreté, le besoin de dégager de vastes espaces pour l'accueil du public (salles des guichets, des titres, des coffres, etc.) et pour les services internes (bureaux collectifs et particuliers, stockage des archives, etc.) la demande de circulations claires et efficaces favorisent l'utilisation du métal associé au verre, puis du béton armé à partir de 1900, tandis que les matériaux nouveaux comme les dalles de verre connaissent un succès immédiat pour l'éclairage des salles en sous-sol » (p. 92).

C. Loupiac et C. Mengin (1997), *L'architecture moderne en France (1889-1940)*, tome 1, Picard.

La conséquence de cet état de fait est évidemment ***l'apparition d'horaires de travail***, communs à la plupart des salariés. Pour faire respecter ces horaires, des portiers (ou autres pointeurs) sont recrutés pour s'assurer que les salariés arrivent et partent aux heures prévues. Ce sont eux qui ouvrent ou ferment les portes de l'usine, faisant perdre aux retardataires leur journée de travail. L'efficacité du processus implique d'isoler clairement l'espace de travail des espaces alentours : à ces fins, on voit apparaître des grilles.

Au sein de cet espace, ***le salarié est affecté à un poste bien précis*** qu'il ne doit pas quitter. S'il se déplace sans autorisation, il peut être sanctionné. Dans la mesure où le temps de travail est clairement borné par des horaires précis, les impératifs de productivité deviennent un enjeu majeur. Il s'agit de rendre le travailleur plus productif, en le motivant (salaire au rendement) et en surveillant son comportement et ses résultats.

Cette nouvelle organisation est formalisée à travers les ***règlements intérieurs*** qui fixent notamment les heures de travail. Ces documents rendent compte des règles de l'entreprise et des sanctions prévues, à une période où il n'existe pas encore de droit social à proprement parler. Ainsi, à la manufacture de toile de Jouy l'article 1er du règlement intérieur de 1812 prévoit que « le portier n'ouvrira son guichet le matin qu'un quart d'heure avant de sonner la cloche et la grande porte seulement pendant l'intervalle de la cloche... après quoi il la refermera de suite et se tiendra rigoureusement à l'ordre de ne laisser entrer aucun ouvrier qui viendra plus tard » (cité par Dewerpe et Gaulupeau [1990], p. 40).

La modernisation des bureaux est plus tardive : on la voit poindre à la toute fin du XIXe siècle, mais elle ne se développe que dans la première moitié du XXe siècle. Au lieu de racheter d'anciens locaux, les entreprises choisissent de réaménager ou de construire des locaux appropriés. Ce mouvement correspond à la déqualification progressive des employés de bureau. Alors que ceux-ci étaient encore rares au XIXe siècle, leur multiplication ajoutée à l'augmentation de la taille des entreprises, oblige nombre d'entre elles à recruter massivement. Ces derniers sont embauchés pour des tâches de plus en plus simples (sténodactylo, etc.). Cette déqualification permet une assimilation de l'employé à l'ouvrier et donc de l'espace de l'employé à celui de l'ouvrier. Il en résulte des bureaux où les employés doivent rester le plus souvent sur leur lieu même de travail : c'est l'époque de l'apparition du téléphone, des pointeuses électriques ou la mise en place des *open space* pour surveiller les salariés.

Cette organisation de l'espace-temps moderne suscite aujourd'hui encore un débat : soit il s'agit d'un mouvement rationnel, cette organisation visant à accroître la productivité ; soit, on peut aussi y voir une forme de paranoïa, les sociétés engageant des sommes énormes dans le développement des techniques de surveillance alors que les rendements restent sujets à caution. L'encadré qui suit donne un exemple de la rigueur parfois extrême de ces règlements (qui semble évidemment excessive aux yeux du contemporain).

Extrait de règlement intérieur
Consigne supplémentaire n° II aux huissiers chargés de garder l'entrée du Siège à Pont-à-Mousson (mai 1928)

« Il est formellement interdit aux huissiers de converser avec le personnel : ils doivent être les premiers à éviter toute perte de temps et conserver en tout temps une attitude réservée.

Les serrements de mains, familiarités ou conversations inutiles, doivent être supprimés : rue Saint-Léon, certaines habitudes ont été tolérées ; il convient rue de Toul de ne s'en tenir qu'à la consigne qui doit être respectée strictement dans l'intérêt général.

La porte 91, rue de Toul, ne devra être ouverte, par les soins du gardien huissier, que suivant les nécessités :

a) aux heures d'entrée ou de sortie du personnel employé : à l'entrée, dix minutes avant l'heure réglementaire, pour être refermée à ladite heure ; à la sortie, après fonctionnement de la sonnerie pour être fermée 15 minutes plus tard ;

b) pour laisser passer les visiteurs pendant les heures de travail, ainsi que le personnel autorisé [...].

Toute entrée ou sortie pendant les heures de travail doit être enregistrée sur le cahier-rapport, avec le motif le cas échéant [...].

Le personnel employé devant assurer certains services (courrier, téléphone, représentation...) dont le service de gardes possédera la liste et l'heure de présence, devra respecter les heures prescrites.

Les employés devant suivre certains cours de perfectionnement modifiant leurs heures de travail, figurent sur une liste portant les heures d'arrivée ou de départ, révisée mensuellement par le service du personnel employé ».

Cité par Labardin [2010], pp. 306-307.

Vers un autre espace-temps ?

L'efficacité de l'espace-temps de la grande entreprise a suscité (et suscite encore) de vives controverses. Pour nombre d'entreprises tayloriennes, cette réorganisation était vécue comme le moyen d'accroître la production et/ou d'en diminuer les coûts. Jusqu'en 1973, ces techniques managériales correspondent à des gains de productivité. Il faut dire que la rationalisation comprend plusieurs dispositifs de gestion (mécanisation, réorganisation de l'espace-temps, etc.) et qu'il est difficile de dégager le facteur prédominant dans l'accroissement de l'efficacité. Les effets à long terme de cette réorganisation (lassitude, démotivation, etc.) sont souvent escamotés et ce n'est qu'avec le choc de 1973 que les entreprises vont remettre en question leurs modes d'organisation.

Il faut dire que de nombreuses critiques se sont très tôt élevées contre la mise en place de cet espace-temps : l'intensification des modes de production a conduit à un mouvement politique qui participe notamment à la naissance du droit social (en germe dès la fin du XIXe siècle) et qui aboutit après 1945. Le chef d'entreprise perd progressivement une partie de son pouvoir, ce qui ne va pas sans difficultés. Parallèlement au taylorisme, le temps de travail est ainsi réduit, provoquant la colère de certains dirigeants comme Camille Cavallier, le dirigeant de Pont-à-Mousson.

Commentaires de Camille Cavallier suite à la loi fixant le temps de travail à huit heures par jour (1919)

« 24 octobre 1925

Quand on voit combien le travail entretient la santé physique et morale chez ceux qui en usent et même qui en abusent, comment qualifier les gens qui appliquent férocement la loi de huit heures ! [...] »

« 17 avril 1926

La loi de huit heures ! Beaucoup de personnes font le bilan de ce qu'elle coûte à la France et l'on reprend notamment le chiffre de 17 milliards par an indiqué par le sénateur X... il y a quatre ou cinq ans » (pp. 176-177).

C. Cavallier (1936), *Sagesses du chef*, Les éditions du raisin.

Les entreprises ont cherché ces trente-cinq dernières années à réintroduire une forme de flexibilité dans leur gestion. On a ainsi vu se développer de ***nouvelles formes d'organisation du travail*** : l'externalisation du travail auprès de petites structures jugées plus dynamiques, le développement du télétravail, autant de phénomènes qui semblent montrer que l'on sort petit à petit de l'espace-temps traditionnel de la grande entreprise.

Pour autant, il ne faudrait pas en déduire trop vite la fin de l'espace-temps moderne. Ainsi, l'externalisation dans l'industrie automobile aujourd'hui va de pair avec la constitution de Parcs Industriels Fournisseurs. Ces derniers regroupent à proximité du constructeur de nombreux fournisseurs. Cela permet évidemment de réutiliser la traditionnelle surveillance du salarié par le patron à la surveillance du fournisseur par le donneur d'ordre.

De plus, si nombre d'industries ont partiellement assoupli le poids de l'espace-temps traditionnel, d'autres l'ont réinventé. Le cas de McDonald's en est un des exemples les plus fameux : que ce soit au niveau de l'organisation de l'espace ou du temps, tout rappelle la grande industrie industrielle. L'espace est optimisé pour augmenter les flux et tout concourt ensuite à diminuer l'attente du client.

2 La structure de l'entreprise

La structure de l'entreprise nous paraît aujourd'hui une évidence. Dans une grande entreprise moderne, on retrouve un siège social avec un ensemble de directions (financière, marketing, recherche et développement, etc.) et plusieurs sites sur lesquels l'entreprise est implantée. Entre ces différents services, une structure se construit avec une répartition des tâches et une hiérarchisation symbolisée par l'organigramme. Nous nous proposons ici d'examiner la structuration progressive de l'entreprise.

■ *La structure de l'entreprise d'Ancien Régime*

Les quelques grandes organisations qui existent sous l'Ancien Régime sont évidemment hiérarchisées. À Saint-Gobain en 1761, il existe un directeur, un responsable pour les différentes opérations techniques (douci, poli, équarri, etc.) et quelques commis chargés de la vente. Entre ces différentes fonctions, il existe certes une division du travail, mais la définition des fonctions réserve quelques surprises. Les responsables des opérations de production exercent plusieurs métiers en même temps : ils sont supposés avoir une connaissance technique du processus, diriger plusieurs ouvriers et également rendre compte au directeur de leur activité *via* des livres de comptes. L'organisation est la même pour les vendeurs qui s'occupent en même temps de la vente à proprement parler, de l'organisation du travail et des livres qui permettent de rendre compte.

Ce cas met en lumière l'organisation traditionnelle de la grande entreprise. Nous avons déjà indiqué dans le chapitre précédent que l'encadrement est encore très réduit au début du XIXe siècle. ***Les fonctions occupées par l'encadrement sont donc très limitées***. Pour bien le comprendre, il faut énumérer les tâches du contremaître du début du XXe siècle. L'organisation du travail signifie l'allocation (affectation des ouvriers à un poste), l'orientation (conseils), l'intensification et le contrôle du travail. Les rares contremaîtres du début du XIXe siècle effectuent encore peu de ces opérations, ne serait-ce qu'en raison de leur faible nombre. D'autres instances viennent les suppléer : le recours éventuel au marché, l'organisation du travail en équipes et/ou en métiers ainsi que le rôle du Conseil d'administration empêchent l'affirmation d'une structure hiérarchique puissante dans l'entreprise.

Dans ces conditions, l'entreprise au sens contemporaine n'existe pas encore : le travail est certes divisé, les fonctions hiérarchisées, mais la structure des entreprises est encore incertaine. Plusieurs éléments vont contribuer à la formaliser au cours du XIXe siècle : l'augmentation du nombre de sociétés et l'apparition de nouvelles formes sociales (comme la SA) amènent les entreprises à clarifier les responsabilités de chacun, ne serait-ce que dans les règlements des sociétés, déposés au moment de leur création.

Un autre élément qui permet de rendre compte de la genèse de la structure de l'entreprise est la professionnalisation progressive de l'encadrement (voir chapitre précédent). C'est parce que des organismes de formation se sont progressivement mis en place que les entreprises ont également pu recruter un encadrement adéquat. Ainsi, à partir de la fin du XIXe siècle, on voit se mettre en place la structure contemporaine de la grande entreprise.

■ *La structure traditionnelle de la grande entreprise*

Il est évidemment difficile de prétendre caractériser la structure traditionnelle des grandes entreprises qui s'avère infiniment complexe. Aussi, nous sommes-nous attachés à en décrire quatre éléments qui la caractérisent : la division du travail, la force du siège social, l'organigramme et la direction par objectifs (DPO).

a) La division du travail

La grande entreprise est évidemment liée au processus de division du travail. Ce processus mérite d'être ici expliqué. Une des caractéristiques de l'économie d'Ancien Régime a assurément été de multiplier les petites unités de production. La grande entreprise (dont certains prototypes existent déjà au XVIIIe siècle) consiste d'abord à spécialiser les individus sur une tâche précise d'un long processus de production. Les causes de ce phénomène sont encore débattues : certains, à la suite d'Adam Smith, pensent que la division du travail a été adoptée en raison de son efficacité, quand d'autres privilégient une explication marxiste : la division du travail serait un moyen pour les dirigeants de « diviser pour régner » selon l'expression de Stephen Marglin.

Cette spécialisation des tâches amène évidemment l'entreprise à se structurer en conséquence. Derrière cette organisation, on voit poindre très tôt l'ébauche d'une structure dans l'entreprise qui aboutira à la constitution de sièges sociaux influents à la fin du XIXe siècle.

b) La constitution de sièges sociaux influents

Une deuxième caractéristique de la structuration de la grande entreprise tient au poids accordé à la direction. Autour du président-directeur général, se constituent plusieurs services qui sont chargés de l'assister : la comptabilité évidemment dès la fin du XIXe siècle, mais aussi à partir de l'entre-deux-guerres, les services du personnel, des ventes ou encore dans l'industrie la technique. Après 1945, on verra surgir de nouveaux services comme les relations publiques. Il manque encore de travaux analysant la constitution de ces services dans le cas français. Des exemples étrangers peuvent nous donner une idée des processus à l'œuvre.

Les débuts des services de Recherche et Développement à la Corning Incorporated aux États-Unis (1908)

Les débuts des services de Recherche et Développement sont assez surprenants : selon une vision taylorienne, on pourrait penser que ces services sont le signe de l'entrée de la science dans l'entreprise. Or, il semble bien que la constitution de ces services ait été plus progressive. Dès la fin du XIXe siècle, des scientifiques travaillaient de façon informelle sur les innovations les plus adéquates. Dans cette optique, la création des services de R&D en 1908 apparaît plutôt comme l'institutionnalisation d'une pratique entamée à la fin du XIXe siècle.

D'après B. Carlson et S. Sammis (2009), "Revolution or evolution ? : The role of knowledge and organization in the establishment and growth of R&D at Corning", *Management & Organizational History*, 4(1), pp. 37-65.

Dans ces conditions, le siège social grossit sensiblement et des employés de plus en plus nombreux travaillent à des tâches spécialisées. Ils permettent ainsi à la direction de l'entreprise de décider de l'organisation et de la stratégie.

L'émergence des sièges sociaux correspond au déclin du rôle du Conseil d'administration ; ce dernier délaisse progressivement la gestion courante pour se concentrer sur les décisions qui engagent la stratégie ou la survie de l'entreprise. Cette prise de pouvoir des dirigeants salariés est toutefois lente à se mettre en place, notamment du fait de la stabilité de l'actionnariat.

De plus, dans beaucoup d'entreprises familiales, les responsabilités au sein du siège social sont exercées par des membres de la famille, ce qui permet de contrôler le dirigeant. Cela concerne parfois de grandes entreprises. Aujourd'hui encore, plusieurs membres de la famille Peugeot (détenteur de plus de 30 % du capital) exercent des fonctions dans l'encadrement, sans assurer directement la direction de l'entreprise. Cela permet de contrebalancer et de contrôler le pouvoir du siège social. La constitution de sièges sociaux s'étale entre la fin du XIXe siècle et les trente glorieuses. Ces services se complexifient jusqu'à engendrer la critique de la bureaucratie à la fin des années 1970.

c) L'organigramme

L'organigramme est une invention relativement récente qui synthétise à travers un schéma les relations fonctionnelles, organisationnelles et hiérarchiques, et donc une grande partie des relations de pouvoir dans une entreprise. La pratique a rapidement montré que l'organigramme ne reprenait qu'une partie de ses rapports, une autre demeurant plus informelle (l'influence plus importante de telle ou telle direction par exemple). On ne trouve guère d'organigramme dans les entreprises à la fin du XIXe siècle. Un des plus anciens est celui que propose Adolphe Guilbault en 1865 dans l'Atlas de son *Traité d'administration industrielle*. Il est reproduit ci-dessous.

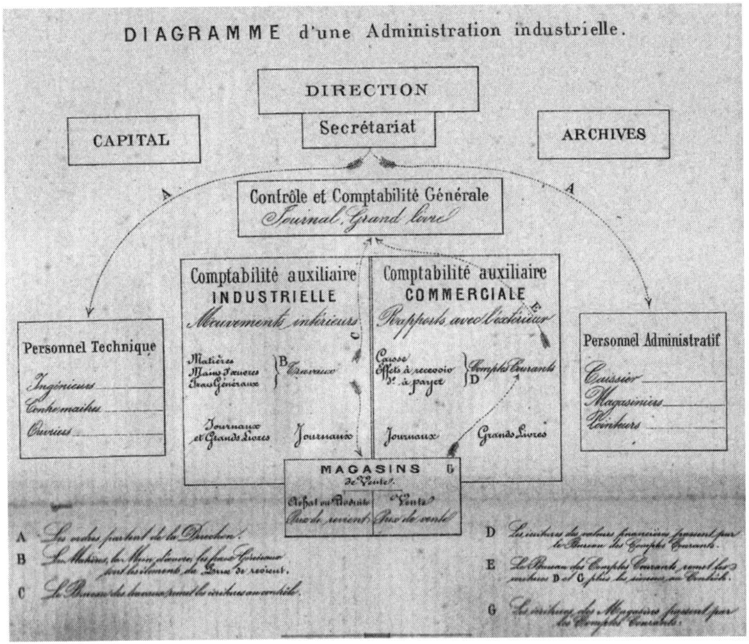

D'après A. Guilbault (1865), *Traité d'administration industrielle*, Guillaumin (planche 5 de l'atlas).

Le mot d'organigramme n'existe pas encore et Guilbault parle de diagramme. Ce mot désigne d'ailleurs autant une hiérarchie qu'il schématise que la circulation des produits dans l'entreprise. Il n'est encore que l'embryon d'un organigramme.

L'absence de schématisation de l'organisation ne signifie évidemment pas qu'il n'existe pas très tôt des directions aux attributions relativement précises. Ainsi, les chemins de fer paraissent l'avoir adopté puisque dès 1915, un ouvrage consacré à leur organisation administrative est publié. On y retrouve ainsi trois grandes directions (l'exploitation, le matériel et les tractions, les voies et travaux) auxquelles s'ajoute un secrétariat général rattaché à la direction générale de l'entreprise.

En 1918, Henri Fayol propose six groupes qui peuvent former autant de directions dans son ouvrage *Administration industrielle et générale* : les opérations techniques, commerciales, financières, de sécurité, de comptabilité et administratives. La juxtaposition de ces directions est synthétisée dans un tableau d'organisation. S'appuyant sur le descriptif des fonctions de chaque salarié et sur sa position dans la hiérarchie de l'entreprise, un tableau synthétise l'ensemble dans un tableau d'organisation. La hiérarchie ne s'établit pas encore par des rectangles reliés de haut en bas par des traits : chez Fayol, l'organigramme va de gauche à droite et des accolades signifient la relation hiérarchique.

Grande entreprise industrielle

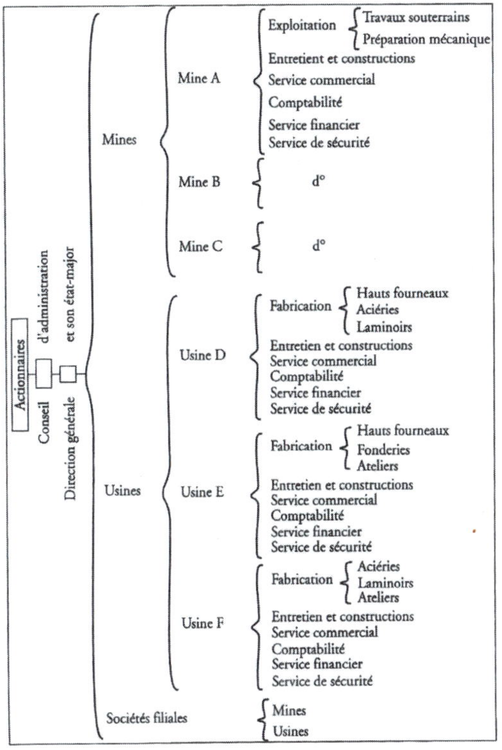

D'après H. Fayol (1916), *Administration industrielle et générale*, Dunod, rééd. 1999 (p. 71).

À la suite de Fayol, nombre de ces disciples reprennent l'organigramme en l'adaptant aux différentes entreprises existantes (commerce, banques, etc.), voire à chacune des directions : on voit ainsi apparaître des organigrammes propres à chaque fonction de l'entreprise. Si on parle d'organigramme dès les années 1930 (comme le montre l'organigramme de Maurice Ponthière), le terme organigramme ainsi que la présentation contemporaine ne se diffusera qu'à partir des années 1950. C'est alors que se posera la question de la structure : faut-il mettre en place une ***structure fonctionnelle*** (production, administration, marketing) ou une ***structure divisionnelle*** (selon les produits ou selon les secteurs géographiques) ? Fayol et ses successeurs ne trancheront pas la question, laissant les entreprises choisir entre les différentes options.

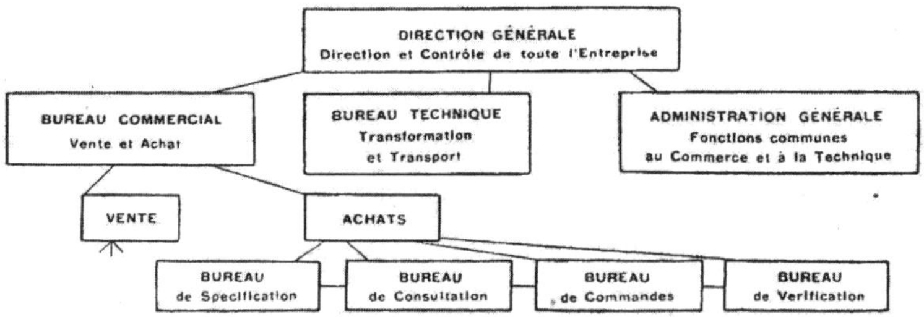

FIG. 6. — Organigramme.

D'après M. Ponthière (1935), *Le bureau moteur*, Delmas (p. 103).

d) La direction par objectifs (DPO)

Aux origines (américaines) de la direction par objectifs

Ce mode de management est une application du *Management by Objectives* américain, que l'on retrouve à General Motors dès les années 1920. Contrairement à Ford qui se concentre sur un nombre réduit de véhicules pour bénéficier d'économies d'échelle, General Motors en produit de nombreux. Il faut alors s'assurer de la rentabilité de chaque produit et donc calculer en détail de multiples prix de revient. Pour alléger un processus potentiellement lourd, le président de General Motors, Sloan va mettre en place une évaluation des différents directeurs sur la base du ROI (*Return On Investment*). Il s'agit d'un ratio mesurant la rentabilité du capital investi, c'est-à-dire les bénéfices rapportés aux actifs d'exploitation. Ce critère permet ensuite à Sloan de juger l'efficacité des directeurs et de mettre en place sa stratégie.

D'après A. Chandler (1963), *Stratégies et structures de l'entreprise*, Éditions d'organisation (pp. 171-234)

La Direction par objectifs est présentée en 1954 par Peter Drucker. À sa suite, l'ouvrage d'Octave Gélinier, *Direction participative par objectifs*, publié en 1965, connaît un large succès. Il s'agit de proposer un management plus souple en proposant à des salariés une autonomie plus grande et une délégation d'autorité. En contrepartie, des objectifs sont fixés, permettant un contrôle *a posteriori* de l'activité des individus. Ce mode de management essaie de concilier les intérêts de l'entreprise (déclinaison de la stratégie) et les aspirations des individus à une plus grande autonomie.

Entre la théorie et la pratique, il y a pourtant un hiatus. D'une part, la direction par objectifs a souvent été imposée à des acteurs qui n'y souscrivaient pas toujours. Dans ces conditions, le surplus de motivation qu'elle était supposée induire n'existait pas. D'autre part, les outils de contrôle ont parfois été biaisés. Si l'on prend l'exemple du ROI, la tentation peut être grande de réduire ses investissements (et donc le montant des actifs) pour améliorer à court terme le ratio. Les indicateurs ne révéleront qu'*a posteriori* la dégradation de la performance.

■ *À la recherche d'une structuration plus souple*

La fin des Trente Glorieuses et la crise des années 1970 entraînent une remise en cause des modes traditionnels de management. La grande entreprise apparaît soudainement comme peu réactive et fragile. La recherche d'un management plus souple (cf. chapitre 2) passe également par la remise en cause de la structure de la grande entreprise. Ainsi, à la RATP dans les années 1990, sous l'impulsion de Christian Blanc puis de Jean-Paul Bailly, les niveaux hiérarchiques se réduisent entre les opérationnels et la direction : de six à sept niveaux, on passe à trois. Cet aplatissement de la structure permet à la fois d'alléger la hiérarchie (réduction de coût), de rendre l'entreprise plus réactive et de rapprocher la hiérarchie des opérationnels.

Une autre façon d'assouplir la structure de l'entreprise est le recours à l'***organisation matricielle***. L'idée est de regrouper deux lignes hiérarchiques : il s'agit par exemple d'établir à la fois une structure fonctionnelle (achats, production, etc.) et une structure divisionnelle (produit A, B, etc.). Les salariés dépendent donc d'une double structure : un service fonctionnel qui jugera leurs capacités techniques et une équipe qui jugera son implication dans un projet d'ensemble.

Au-delà de la seule réorganisation des structures, les politiques de recentrage des entreprises vont contribuer à simplifier la structure des entreprises : la pratique de l'externalisation des fonctions dites de supports (c'est-à-dire celles ne figurant pas dans le cœur de métier comme les services généraux, la paie, etc.) ou celle de la gestion par projet (voir chapitre 2).

La complexification des relations interentreprises au cours de ces trente dernières années est également venue bouleverser les structures traditionnelles de l'entreprise. Pendant longtemps, les frontières de l'entreprise constituaient une relative évidence. Le développement des filiales dans la première moitié du XXe siècle avait déjà brouillé quelque peu les frontières. Le développement des alliances (de recherche et développement ou de commercialisation notamment), la complexification juridique de ces structures (filiales, GIE, joint ventures, etc.) amène à s'interroger aujourd'hui sur les frontières de l'entreprise qui apparaissent de plus en plus floues.

Les institutions de la gestion

CHAPITRE 5

Les trois premiers chapitres avaient pour objet de caractériser la gestion : il s'agit d'abord d'un ensemble de techniques mises en place par des acteurs dans le cadre d'un espace bien défini. Le dernier élément sur lequel nous voudrions revenir dans ce chapitre tient dans les institutions de la gestion.

Derrière les pratiques des entreprises, des institutions contribuent à créer, adapter et diffuser certaines pratiques qui forment aujourd'hui la gestion.

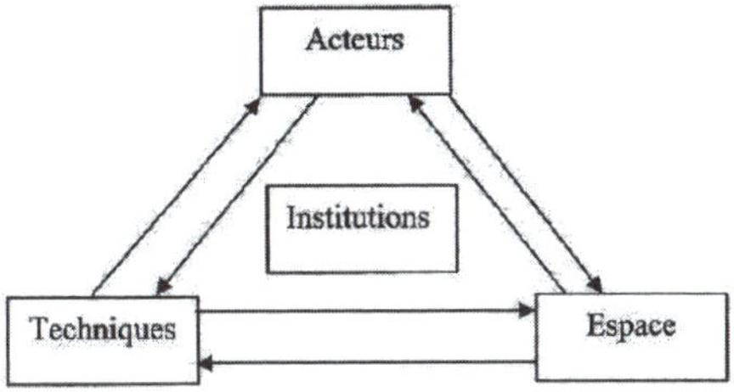

Nous distinguerons deux temps : d'abord, nous reviendrons sur la constitution des savoirs de gestion et ensuite sur les différentes institutions (presse, associations, etc.) qui ont favorisé la diffusion de ces savoirs.

1 De nouveaux savoirs à enseigner

Cette section essaie de retracer la constitution progressive des sciences de gestion au cours des XIXe et XXe siècles.

■ *La gestion comme discipline hybride*

Pendant longtemps, la gestion n'existe pas comme discipline autonome. Elle se réduit essentiellement sous l'Ancien Régime à deux disciplines : la comptabilité et la finance. Prenons l'exemple de la ***comptabilité***. Le premier traité de comptabilité en partie double en 1494 (écrit par le franciscain Luca Pacioli) n'est d'ailleurs qu'un chapitre d'un manuel de mathématiques. À la fin du XIXe siècle, Léautey et Guilbault présentent encore la comptabilité comme une branche des mathématiques. Mais la comptabilité est également un objet du droit : depuis l'ordonnance de Colbert de 1673, la tenue des comptes est obligatoire. Plusieurs auteurs comptables s'apparentent davantage à des juristes qu'à des mathématiciens. Dans les procédures de faillite du XIXe siècle, le syndic, chargé (entre autres) d'expertiser la comptabilité du failli n'est-il pas un juriste ? La comptabilité ne relève-t-elle pas enfin de l'économie ?

Le raisonnement vaut aussi pour la ***finance*** : cette dernière se résume souvent au XVIIIe siècle à des calculs d'intérêt et des tables financières de conversion qui rappellent les mathématiques financières d'aujourd'hui.

L'organisation de ces différents champs montre l'inexistence de la gestion ou plus exactement son éparpillement entre des champs aussi divers que l'économie, le droit ou les mathématiques.

À côté de ces connaissances techniques, on ne peut que constater ***l'absence des autres savoirs*** lesquels relèvent de la liberté de chaque négociant ou industriel. Les actions de chacun sont encore largement gouvernées par la morale religieuse comme en témoignent les traités qui condamnent au XVIIIe siècle le prêt à intérêts. Il n'y a donc pas encore l'espace d'un savoir de gestion. L'époque raisonnant en terme moral, les seuls aspects non techniques que l'on retrouve dans les manuels se limitent aux qualités que nécessite une bonne gestion (imagination, caractère affable et avenant, résistance corporelle, etc.). Tout au plus, peut-on trouver chez Jacques Savary quelques commentaires qui relèvent de la gestion.

> *Fixer un prix au XVIIe siècle : les conseils de Jacques Savary*
>
> « Il se faut bien donner de garde de dire, et de faire voir sur les livres le prix que l'on a vendu la marchandise à d'autres marchands, pour deux raisons ; la première, parce que cela fait soupçonner ceux qui marchandent, que la marchandise est de rebut, ainsi que les dégoûte, et fait qu'ils ne veulent pas acheter. La seconde, parce que leur donnant la marchandise à meilleur marché qu'à ceux à qui ils ont dit avoir vendu à plus haut prix ; c'est faire un extrême tort à ceux qui ont acheté cher ; en ce que cela fait que l'on juge mal de leur conduite, et que l'on pourrait croire qu'ils n'ont pas crédit du tout ; puis qu'ils achètent plus cher qu'ils ne pourraient avoir ailleurs. Si pourtant un marchand offre d'en payer le même prix qu'en a payé un autre, l'on peut montrer le prix : cela étant sans conséquence, pourvu que ce soit au comptant, ou pour le même temps que l'on donne pour payer » (p. 117)
>
> J. Savary (1675), *Le parfait négociant*, tome 1, Louis Billaine.

L'enseignement de la comptabilité et de la finance est également balbutiant. Les connaissances en matière commerciale ne sont pas perçues comme la carrière la plus noble, loin de là. Mais les enfants de négociants ou d'industriels privilégient les études en pensionnat où l'accent est mis sur la maîtrise de l'écriture, de la lecture, du calcul, de la géographie et des langues étrangères. Le droit apparaît également comme déterminant dans un contexte où nombre de pays restreignent la circulation des marchandises. À côté de ces enseignements, quelques rares teneurs de livres professent chez eux la comptabilité mais, de toute évidence, cette pratique reste encore très marginale. L'essentiel des connaissances, le plus souvent propres à chaque entreprise ou commerce, s'acquiert par la pratique journalière.

Il n'existe pas encore de structures pour former les teneurs de livres et autres financiers. Les seuls apprentissages utiles au commerce tiennent dans la lecture, l'écriture, le calcul et éventuellement la géographie. Le faible niveau de formation rend ces compétences largement recherchées. Le reste de la formation s'effectue généralement dans les comptoirs des marchands et négociants où il n'est pas rare de croiser les enfants du négociant (ou ceux d'un ami) y apprendre les rudiments. Il en découle une homogamie sociale. Les cours sont encore rares, même si plusieurs teneurs de livres en assurent à leur domicile dans les grandes villes (Paris, Bordeaux, etc.).

■ *Unifier la gestion (XIXe – début du XXe siècle) ?*

a) La constitution progressive d'un corpus de savoirs

Le développement des savoirs de gestion au XIXe siècle se situe à deux niveaux. Il y a d'abord un approfondissement des connaissances comptables et financières. La première passe par la comptabilité industrielle (c'est-à-dire le développement du calcul des coûts), qui émerge à partir du début du XIXe siècle. L'expression ***comptabilité analytique*** est plus tardive, remontant au Plan Comptable Général de 1947.

Il en va de même pour la finance qui s'intéresse au monde de la ***bourse*** en pleine expansion durant cette période. Les savoirs financiers sont également plus élaborés au XIXe siècle, accompagnant le développement des pratiques financières : on enseigne les mécanismes des mathématiques financières, mais également les modalités d'émission d'emprunt, de remboursement du capital ou encore d'assurance. D'un point de vue théorique, cet enseignement s'appuie sur les travaux microéconomiques qui se développent à la suite de Léon Walras.

En dehors de ces savoirs générés par la pratique, on observe de timides avancées. Quelques auteurs entrevoient déjà des problématiques de ***management***. Citons ainsi au XIXe siècle les œuvres de Claude-Lucien Bergery, Jean-Gustave Courcelle-Seneuil ou Adolphe Guilbault. Ceux-ci abordent, par exemple, les questions de la division du travail, de son contrôle, etc. Même si ces travaux sont encore balbutiants, ils contribuent à faire émerger la problématique de l'organisation qui n'apparaîtra plus clairement qu'avec Fayol et Taylor.

Dans une large mesure, la gestion n'apparaît pas encore comme une matière bien individualisée. Elle demeure, au XIXe siècle, la juxtaposition de savoirs plus ou moins proches (droit, économie, mathématiques, etc.) mais qui préfigurent les enseignements d'aujourd'hui.

De nouvelles matières de gestion apparaissent à partir du début du XXe siècle sous l'impulsion du taylorisme : les ***matières commerciales*** (la publicité notamment), la ***gestion des ressources humaines*** (liée au droit social naissant) et, plus généralement, le ***management*** complètent les enseignements techniques (comptabilité et finance) plus anciens.

Débat autour de la nature du savoir de gestion : l'exemple de la comptabilité au XIXe siècle

La nature des savoirs de gestion au XIXe siècle fait d'ailleurs débat. Dans la tradition héritée du XVIIIe siècle, certains enseignants (Vannier, Barré, etc.) veulent construire des enseignements directement inspirés des pratiques des entreprises. Cette stratégie de légitimation des savoirs vise à montrer que les jeunes écoles de commerce comprennent parfaitement la pratique et la retranscrivent le plus fidèlement possible dans leurs enseignements. Cela passe également par des simulations de gestion dans les comptoirs des marchands qui sont supposés préparer les futurs praticiens. Concrètement, cela amène nombre d'écoles à enseigner la partie simple, celle-ci étant la plus utilisée.

À partir de la fin du XIXe siècle, une nouvelle logique émerge : on ne doit plus forcément enseigner ce qui se fait, mais plutôt ce qui devrait se faire. Préfigurant le *one best way* taylorien, ces auteurs refusent d'enseigner ce qu'ils considèrent comme étant des pratiques surannées. En matière comptable, ils privilégient ainsi explicitement la partie double sur la partie simple.

D'après Labardin [2010], pp. 124-145.

b) La structuration des enseignements

À partir du début du XIXe siècle, la structuration des savoirs de gestion évolue. Des ***écoles de commerce*** se constituent progressivement. La plus ancienne est l'École Supérieure de Commerce de Paris, créée en 1819. La majeure partie de ces grandes écoles, telles que nous les connaissons aujourd'hui, apparaissent à la fin du XIXe siècle ou au début du XXe siècle : HEC (1881) ou l'ESSEC (1907) mais aussi plusieurs écoles en province. Citons ainsi l'exemple de celles du Havre et de Rouen (1871), de Lyon et Marseille (1872), de Bordeaux (1874), de Lille (1892) ou de Nancy (1905).

Qu'enseigne-t-on dans ces filières ? La comptabilité et le commerce sont souvent la clé de voûte de ces cours. L'enseignement de la comptabilité se résume la plupart du temps à l'exposé de la partie simple puis de la partie double. Les cours de commerce sont factuels, présentant par exemple les intermédiaires, les modalités de transport, etc. À côté de ces cours, on retrouve du droit, des mathématiques financières, des langues étrangères, de la géographie et, dans une moindre mesure, de l'économie et de l'histoire. Chaque école disposant de son programme, il est évidemment difficile de généraliser le propos. Mais, à partir de 1891, le ministère du Commerce établit certaines conditions qui permettent à plusieurs de ces écoles d'obtenir une première reconnaissance par l'État.

Si les écoles de commerce préparent au travail administratif et aux tâches d'encadrement dans les secteurs financiers et commerciaux, les écoles d'ingénieurs forment les cadres de l'industrie. En la matière, la dissociation entre l'enseignement scientifique et commercial devient patente dès la fin du XIXe siècle.

Les écoles de commerce bénéficient, il est vrai, de ***l'absence de concurrence de la part des universités***. Dans les facultés, ce sont les juristes qui sont alors dominants, les économistes peinant à imposer leur domaine comme une discipline reconnue. Pour autant, certaines thèses de droit seraient considérées comme relevant aujourd'hui de la gestion.

Exemples de thèses de droit soutenues à la fin du XIXe et au début du XXe siècle

L. Quesnot (1893), *La comptabilité des fabriques*, Paris.

J. Verley (1906), *Le bilan dans les sociétés anonymes*, Paris.

E. Rouger (1911), *La grève des employés*, Bordeaux.

A. Vielleville (1914), *Le système Taylor*, Paris.

D. Yovanovitch (1919), *Le rendement optimum du travail ouvrier*, Paris.

J. Boisgontier (1920), *Le syndicat des employés du commerce et de l'industrie*, Paris.

R. Delzangles (1925), *Actionnaires et répartition du bénéfice*, Bordeaux.

V. Rec (1930), *Essai de rationalisation industrielle : la maison Bat'a*, Toulouse.

S. Witkowski (1932), *Le rendement des entreprises et leur direction rationnelle*, Nancy.

D'après D. Bessire, Y. Levant et M. Nikitin (2009), « L'émergence et la structuration d'une communauté scientifique : le cas de l'AFC depuis 30 ans », *Actes du XXXe Congrès de l'AFC*.

L'enseignement de la gestion dépasse largement le cadre des seules écoles de commerce ou d'ingénieurs. Prenons l'exemple de la comptabilité. L'idée est alors répandue que la comptabilité serait un moyen d'éviter les faillites de plus en plus nombreuses. Elle permettrait, notamment, un meilleur suivi des créances et des dettes et constituerait un outil de décision pertinent (diffusion du calcul de coût). Dans ce contexte, la diffusion de la connaissance de la comptabilité au plus grand nombre est une préoccupation qui parcoure le XIXe siècle.

Dans l'enseignement primaire, la tenue des livres n'est pas obligatoire (elle le sera à la fin du XIXe siècle), mais l'on retrouve dès les années 1850 des manuels écrits par des instituteurs. En 1865, la tenue des livres devient une matière facultative dans l'enseignement primaire, les programmes étant redéfinis en 1882 et 1886. Dans l'enseignement agricole, l'État avait proposé dès 1845 un certificat de capacité agricole comportant une épreuve de comptabilité. Dix années plus tard, le Second Empire revient sur ce certificat, la tenue des livres se limitant à l'enseignement primaire.

C'est néanmoins dans l'enseignement technique et professionnel que la comptabilité se diffuse le plus largement et le plus durablement. Si l'on manque d'informations sur le fonctionnement des écoles techniques et professionnelles au milieu du XIXe siècle (les programmes ne sont pas encore normalisés), on les connaît mieux à la fin du XIXe et au début du XXe siècle. La création des écoles pratiques de commerce et d'industrie (EPCI) en 1892 permet de normaliser l'enseignement en la matière. Ces écoles prolongent l'enseignement primaire sur trois années. Elles sont d'abord intégrées au sein du ministère du Commerce puis rattachée en 1920 au ministère de l'Instruction publique. Ce rattachement fait suite à la loi Astier de 1919 qui crée la direction de l'enseignement technique. Un programme national pour les EPCI est adopté en 1927. Voici à titre d'illustration le programme pour les garçons :

Semaine-type dans les EPCI pour les garçons en 1927 (p. 18)

	1re année	2e année	3e année
Morale	1/2	1/2	1/2
Histoire	1	1	
Hygiène			(1)
Dessin	2	2	
Français	6	3	2
Physique et chimie	3	1 ½	
Arithmétique et calcul algébrique	3	3	
Législation commerciale		1	1
Notions d'économie commerciale			1
Géographie	1	1	3
Marchandises	1 ½	3	3
Comptabilité et commerce	6	3	3
Exercices pratiques (monographies et bureau commercial)		6	6
Calligraphie et sténo-dactylographie	3	2	2
Langue anglaise ou allemande	6	6	6
Autre langue	3	3	3
Complément d'enseignement professionnel suivant la destination des élèves ou les besoins du commerce de la région			5 ½

Études surveillées	9	9	9
Totaux	45	45	45

C. Gaucher (1927), *L'orientation professionnelle par les écoles pratiques de commerce et d'industrie*, Librairie de l'enseignement technique.

■ Vers les sciences de gestion

a) Les sciences de gestion contemporaines

La constitution des savoirs de gestion est relativement lente en France après 1945. La lutte entre les juristes d'une part, et les économistes d'autre part, limite la place de la gestion. Durant les trente glorieuses, la production de connaissances est encore largement le fait de praticiens ou d'individus se situant en marge des institutions.

Les différents champs de la gestion (ressources humaines, marketing, finance, comptabilité, etc.) se structurent. En France, les associations scientifiques apparaissent à partir de la fin des années 1970 : citons ainsi, parmi les premières, l'Association française de comptabilité (1979), l'Association française de finance (1979) et l'Association française du marketing (1984).

Cela amène à une reconfiguration des savoirs de gestion. Échaudées par les recherches mettant en avant un *one best way*, les méthodologies de recherche se sont affinées empruntant aux autres sciences humaines (économie, sociologie, histoire, etc.). Les recherches comprennent désormais une part d'explication accrue et les préconisations managériales qui en dérivent se veulent plus circonstanciées.

b) Une offre de formation de plus en plus diversifiée

Les savoirs de gestion sont enseignés plus largement sous l'influence anglo-saxonne durant les années 1940 et 1950. La première nouveauté tient à la création des IAE (Institut d'administration des entreprises) dans les universités dans les années 1950. Le premier est fondé à Aix en 1955. Sur le modèle anglo-saxon des *business schools*, il s'agit de proposer en université des formations dédiées à la seule gestion. La fondation en 1968 de l'Université Paris Dauphine obéit à la même logique : ***les sciences des organisations ont trouvé un nouvel espace, clairement séparé de l'économie et du droit***. La création de la FNEGE (Fédération nationale pour l'enseignement de la gestion) en 1966, puis la création d'un concours national d'agrégation du supérieur en gestion en 1975 contribuent à institutionnaliser celle-ci à l'université.

Par ailleurs, la création des ***Instituts universitaires de technologie*** (IUT) en 1966 augmente l'offre en premier cycle. Avec les filières de Gestion des entreprises et administrations (GEA) ou de Gestion administrative et commerciale (GEC), les IUT sont conçus comme des formations professionnalisantes permettant une insertion rapide sur le marché du travail. Néanmoins, ils deviennent progressivement une étape dans les formations universitaires.

Si l'enseignement de la gestion disparaît progressivement des cycles primaires, on le retrouve dans les filières technologiques créées en 1968 (baccalauréat G, puis STT et aujourd'hui STG). Ces filières sont ensuite prolongées par les ***Brevets de Techniciens Supérieurs*** (BTS) créés en 1959. Préparés en deux années, ces diplômes mènent notamment aux métiers d'assistants de gestion en PME, de comptables ou de vendeurs.

La transformation de l'enseignement public de la gestion oblige les écoles de commerce à modifier sensiblement leurs stratégies. On les voit ainsi développer leurs programmes internationaux, améliorer leur offre de formation en proposant des parcours à la carte. Les moyens dont elles disposent (aide des Chambres de commerce et études payantes) leur permettent de financer ces projets parfois coûteux.

L'exemple de l'ESSEC au XXe siècle

L'ESSEC (École supérieure des Sciences économiques et commerciales) est fondée en 1907 par les Jésuites à Paris. Le but initial de l'école est d'introduire la morale catholique dans le monde des affaires. Le nombre de candidats doublant dans les années 1950, l'ESSEC peut se permettre une sélection plus importante.

À partir des années 1960, sous l'impulsion d'un nouveau directeur, l'ESSEC déménage à Cergy-Pontoise sur un campus plus grand. Les méthodes pédagogiques deviennent également moins magistrales. Le projet de l'école ne s'articule plus autour de la morale catholique, mais plutôt autour du développement de la personnalité de chacun des étudiants, leur permettant de travailler à mi-temps, de prendre une année sabbatique ou de travailler en entreprise.

D'après V. Languille (1997), « L'ESSEC, de l'école catholique des fils à papa à la grande école de gestion », *Entreprises & Histoire*, vol. 14-15, pp. 47-63.

2 Des savoirs à diffuser

Derrière ces savoirs de gestion qui s'affirment au cours des XIXe et XXe siècles, un certain nombre de facteurs vont intervenir pour les propager tels qu'ils se sont progressivement constitués. Nous nous proposons ici de les présenter en trois catégories (influences culturelles, groupements et facteurs techniques et économiques), sachant que c'est la combinaison des trois qui explique le plus souvent la diffusion des savoirs et les pratiques dans les organisations.

■ *Les influences culturelles*

a) À la recherche d'autres modèles

Avant même le taylorisme, l'Amérique exerce une véritable fascination chez nombre de dirigeants et de politiques français. Elle paraît la partie de tous les possibles où émergent de nouvelles pratiques dont pourraient s'inspirer nombre de dirigeants français.

Le point de vue d'un Anglais sur les États-Unis en 1905 (ouvrage traduit en français)

À propos des transports new-yorkais :

« En un mot, tout sera clair, propre et rapide... rapide surtout. J'ai dit plus haut que New York avait ainsi résolu le problème des transports en commun rapides ; cependant, à la réflexion, je n'en suis pas convaincu : New York n'est jamais satisfait de ce qui existe, il lui faut toujours du nouveau, de l'inédit, pour le plaisir du changement, parce que les choses ont cessé de plaire » (p. 33).

À propos de l'organisation du travail dans l'industrie :

« Ainsi, non seulement les ouvriers les plus habiles reçoivent une paye supérieure, mais quelques-uns parmi eux, sont encore payés à un tarif plus élevé que les autres ; c'est en effet un usage constamment appliqué aux États-Unis, où l'on a remarqué que les ouvriers, stimulés par l'appât de ces gains extraordinaires fournissaient, en travail, une somme bien supérieure au supplément de paye qui leur était alloué ; c'est là un des secrets des méthodes de travail américaines » (pp. 44-45)

F. Fraser (1905), *L'Amérique au travail*, Dumoulin.

La fascination américaine joue évidemment à plein dans la diffusion du taylorisme en France, relayée par des intellectuels à l'aura confirmée comme Henry Le Chatelier. Cela amène concrètement les entreprises à deux modes d'adoption : l'***imitation pure et simple*** ou l'***appropriation*** en adaptant les techniques dans le contexte français. Entre les deux, il faut évoquer le cas des entreprises qui n'importent qu'une partie des innovations pour y chercher ce qui les intéresse.

Cette fascination passe par des échanges : quelques industriels français (Louis Renault ou André Citroën par exemple) se sont rendus dès le début du XXe siècle aux États-Unis pour y étudier les modes d'organisation du travail. D'un autre côté, un maître de conférences à Harvard, Thompson, venu en France en 1917 à l'occasion de la guerre y implante le premier cabinet de conseil en organisation et ne repartira aux États-Unis que dans les années 1930.

L'après 1945 ne fait que relancer la fascination pour les États-Unis. Dans la foulée du Plan Marshall, des missions de productivité sont envoyées aux États-Unis et outre-Manche à la fin des années 1940 et au début des années 1950. Il s'agit d'améliorer la productivité des entreprises françaises en s'inspirant du modèle américain. Cela ne va pas sans résistances aussi bien du côté syndical (la CGT par exemple) que patronal (conservatisme). Concrètement, ces missions concernent plusieurs types de participants : les premières, de deux à trois semaines, sont destinées aux dirigeants, aux cadres et aux syndicalistes. Les secondes, plus longues (douze semaines), regroupent des ingénieurs, des cadres et des économistes. Les dernières prennent la forme de stage pour de jeunes diplômés de grandes écoles.

Dans les années 1980, le Japon exercera une influence similaire en Europe. Son ascension paraît irrésistible, notamment dans l'automobile. Plusieurs des concepts toyotistes (cercle de qualité, juste-à-temps, etc.) sont ainsi importés dans les usines européennes. Cela démontre, une fois de plus, la vitalité de circulation des modes managériales entre les pays au XXe siècle.

b) L'émergence d'une presse de gestion

Le développement de la presse d'entreprise est patent à partir du début du XXe siècle. Celle-ci prend plusieurs formes : on retrouve d'abord des revues indépendantes traitant plus ou moins partiellement de la gestion des entreprises. Des groupements divers de profession éditent également leurs propres revues. On voit enfin apparaître une presse interne à l'entreprise.

Les ***revues professionnelles*** les plus anciennes sont celles d'ingénieurs. Dans *La Revue de Métallurgie*, on retrouve des articles d'Henry Le Chatelier portant sur l'organisation du travail dès le début du XXe siècle ; dans *La Revue de Mécanique*, on retrouve un article de Simonet en 1902 sur l'organisation des ateliers. C'est d'ailleurs la *Revue de Métallurgie* qui édita en 1911 les *Principes d'Organisation Scientifique* du Travail de Taylor.

À côté de cette presse d'ingénieurs, émerge une ***presse plus administrative*** : *La Revue dactylographique et mécanique* (qui devient en 1920 *La Revue du bureau*) dès 1907, *Mon Bureau* en 1909, *La comptabilité et les affaires* en 1921 et *Experta* en 1925. Le développement de ces revues est notable dans les années 1920 : leur tirage augmente et *La comptabilité et les affaires* se scinde en deux revues distinctes (*La comptabilité* d'une part et *Les affaires* d'autre part). La crise des années 1930, puis l'occupation amèneront à une recomposition de l'offre de revues, certaines disparaissant ou fusionnant quand d'autres apparaîtront. Les thématiques qu'abordent ces revues sont diverses : les techniques tant matérielles (machines, etc.) qu'intellectuelles (comptabilité, etc.) sont privilégiées, mais les questions d'organisation sont aussi parfois évoquées.

On retrouve un troisième type de presse à partir du début du XXe siècle. Une ***presse interne à telle ou telle profession*** s'incarne à travers une association : employés de bureau, représentants de commerce, etc. se constituent parfois en associations qui diffusent des bulletins où il est question des dernières innovations.

Certaines écoles de commerce (celles de Lyon ou de Clermont-Ferrand par exemple) éditent dans l'Entre-deux-guerres des ***bulletins***. Si l'objectif essentiel d'une telle presse est de maintenir un lien entre les anciens élèves en constituant un réseau (esprit de corps) qui faciliterait l'insertion des nouveaux diplômés, ces revues intègrent aussi de vraies problématiques.

Notons enfin l'émergence d'une ***presse interne à l'entreprise*** à partir des années 1920. Le travail de Christine Malaval permet de mettre en évidence les motifs expliquant le développement de cette presse : introduction des problématiques organisationnelles (Organisation Scientifique du Travail, etc.), coordination au sein de l'entreprise, motivation et union de tous.

Quelle que soit sa forme, la presse de gestion se développe donc en France à partir du début du XXe siècle. Ces journaux deviennent rapidement une courroie de transmission des innovations, en facilitant leur circulation d'un pays à un autre ou d'une entreprise à une autre. C'est probablement une des raisons qui expliquent la genèse des modes managériales à partir du début du XXe siècle.

■ *La constitution de groupements*

Pour comprendre la propagation des savoirs de gestion, il faut également s'intéresser à la constitution de groupements professionnels. Au-delà de la seule presse, ce sont aussi ces derniers qui diffusent les savoirs.

a) Les associations professionnelles

Le premier type de groupements que l'on retrouve est évidemment les associations professionnelles. Plusieurs d'entre elles (associations de représentants de commerce ou d'employés de bureau par exemple) se constituent dès le milieu du XIXe siècle. La loi Le Chapelier et le décret d'Allarde de 1791 interdisant les jurandes et corporations freinent leur développement jusqu'à la loi de 1884 autorisant les syndicats.

Dans un premier temps, les associations se développent en mettant en avant des objectifs mutualistes dans un pays où n'existe pas encore de protection sociale. Les membres cotisent pour verser des indemnités en cas de maladie, de chômage ou une pension de réversion pour aider les veuves. Chaque association disposant de ces propres statuts, il est évidemment difficile de généraliser.

Avec le temps, leur rôle évolue. Elles s'occupent du placement de leurs membres en servant d'intermédiaires entre les entreprises et les salariés. Certaines d'entre elles développent des cours qui ont pour objet de former de futurs collègues ou d'améliorer les connaissances des membres déjà salariés. Ces associations débattent enfin en leur sein des évolutions de leurs métiers, proposant même parfois des commissions chargées de répondre aux questions les plus techniques de leurs membres. La montée des préoccupations professionnelles coïncide avec le déclin mutualiste qu'achèvera la création de la Sécurité sociale à la Libération.

La position des chefs d'entreprise à l'égard de ces associations est d'ailleurs instructive. Dans plusieurs de ces associations, des notables locaux (dont beaucoup de directeurs et autres patrons) sont membres d'honneur, dans l'idée de faciliter le placement des membres ordinaires. Certaines entreprises vont même plus loin en aidant ces associations qui s'occupent également de la formation de leurs salariés.

Le XXe siècle voit le développement de nouveaux groupements professionnels, comme par exemple les experts-comptables à partir de 1912 ou les chefs du personnel dans l'ANDCP (Association Nationale des Directeurs et Chefs de Personnel) à partir de 1947. Il manque encore des études permettant de mieux connaître la diversité de ces associations. Leur rôle est assez similaire à celui des revues (certaines en sont d'ailleurs les émanations) : elles constituent des vecteurs de diffusion et de normalisation des pratiques en mettant en évidence les nouveautés, en en promouvant certaines et en dénigrant d'autres.

b) Les syndicats patronaux

À côté des groupements professionnels, on retrouve les syndicats de salariés, de cadres ou de patrons. Si leur histoire institutionnelle a donné lieu à de nombreuses recherches en histoire sociale, les syndicats (salariés ou patronaux) n'ont pas été sans influence sur la diffusion des pratiques et des savoirs de gestion.

Les syndicats patronaux s'organisent au XIXe siècle et au début du XXe siècle de façon sectorielle. En 1864, apparaît ainsi le Comité des Forges (dissous en 1940) et en 1901, l'Union des Industries Métallurgiques et Minières (UIMM) à l'initiative de certains membres insatisfaits du Comité des

Forges. Ce sont aussi dans ces cercles que se mettent en place les innovations ou les résistances à ces dernières. L'introduction du taylorisme en est un des exemples patents. Au-delà du simple mouvement intellectuel et de l'engouement de la presse professionnelle, des groupements comme l'UIMM s'y intéressent, finançant des voyages à l'étranger ou des rapports sur les entreprises pionnières. Le patronat participe également à la réflexion sur la diffusion des innovations *via* la création d'organismes spécialisées comme la Cegos dans l'Entre-deux-guerres. Il faudrait pourtant se garder de ne voir dans le patronat français qu'une famille unie œuvrant pour la diffusion des techniques américaines. L'extrait ci-dessous donne une idée des franches inimitiés que l'on peut y trouver.

Les inimitiés entre maîtres des forges lorrains au tournant du XXe siècle

« Décrit par Cavallier [le dirigeant de Pont-à-Mousson], la tombe à peine refermée comme la personnification de « l'effort incessant [et de] l'intelligence servie par un travail ininterrompu » et comme un homme ouvert à l'entente, Rémi Jacquemart, le directeur général d'Aubrives-Villerupt, était présenté par le même Cavallier, dans une lettre à Charles Grandpierre, quelques jours plus tôt, comme un personnage « aveuglé par la vanité », « d'esprit étroit et intrigant ».

Le maître de forges mussipontain n'appréciait guère non plus « l'affreux Raty ». François de Wendel n'avait que mépris pour les « Cavallier, Dreux et autres bas seigneurs de la métallurgie », définis encore avec les Labbé, comme des « bourgeois jaloux » contre lesquels il s'agissait, par exemple, de prendre une bonne revanche en entrant dans le capital de Senelle-Maubeuge pour venir les inquiéter à Longwy même » (pp. 156-157).

J.-M. Moine (2003), *Les barons du fer*, éditions Serpenoise.

Il existe également une frange du patronat, conservatrice, souhaitant s'en tenir aux modes d'organisation antérieurs. Que ce soit en matière de taylorisme dans l'Entre-deux-guerres ou en matière d'introduction des méthodes américaines dans les années 1950 (outils du marketing par exemple), une partie du patronat ne dissimule pas ses réserves, freinant la diffusion des nouvelles techniques.

c) Les syndicats de salariés

Les deux principaux syndicats ouvriers sont créés au tournant du XXe siècle : la CGT (Confédération générale des travailleurs) dans la mouvance socialiste en 1895 et la CFTC (Confédération française des travailleurs chrétiens) dans la mouvance chrétienne en 1919. Le nombre de syndicats s'étoffe à la Libération. Apparaît d'abord un syndicat des cadres, la CGC (Confédération générale des cadres) en 1944. Après une première scission dans l'entre-deux-guerres et une première réunification dans le cadre du Front Populaire, la CGT se divise en deux en 1948 : d'un côté, la CGT qui reste dans le giron du Parti communiste et de l'autre la CGT-FO (Confédération générale du travail – Force ouvrière). En 1964, la CFTC rejette ses origines chrétiennes et devient la CFDT (Confédération française démocratique du travail). Une minorité qui refuse ce choix recrée une nouvelle CFTC. Plus récemment, de nouveaux syndicats sont apparus : SUD (Solidaires unitaires démocratiques) créés en 1981 ou l'UNSA (Union nationale des syndicats autonomes) en 1993.

Quels rapports les syndicats entretiennent-ils avec la diffusion des nouvelles méthodes de gestion ? On retrouve évidemment de la méfiance, les syndicats soupçonnant souvent que lesdites méthodes pourraient dissimuler une remise en cause des conditions de travail, des droits des salariés et éventuellement de l'influence des syndicats. Dans la pratique, en dépit de méfiances initiales, les résistances au changement variaient selon les entreprises et les contreparties accordées aux ouvriers.

Les grèves de 1936 dans l'industrie automobile : le cas de Ford

« Si l'on en croit le directeur de la société Ford-France, le mouvement a été provoqué par l'intransigeance du patronat, celui-ci ayant refusé de satisfaire les revendications définies par la CGT, alors qu'il était possible d'accorder depuis longtemps, les avantages matériels demandés. Ainsi chez Ford si la grève n'a eu qu'une importance symbolique (un jour à Asnières et trois heures à Strasbourg) c'est que : « la plupart des revendications des ouvriers avaient été satisfaites par M. Henry Ford auparavant de par sa propre et libre volonté ».

La semaine de 40 heures était appliquée depuis 1927. Les salaires étaient supérieurs à ceux payés par l'ensemble des grands constructeurs de l'automobile. À Asnières, la moyenne des rémunérations s'élevait, dès avant la grève, à 8,20 F de l'heure, alors qu'elle n'était au même moment que de 6,10 F chez Citroën. [...] Enfin l'amélioration des conditions d'hygiène et de confort des usines avait été un des principaux moyens appliqués, tant à Asnières qu'à Strasbourg, en vue d'accroître l'efficacité du travail. Ainsi, dans la mesure où elles avaient été compensées par des avantages matériels, les méthodes, introduites aux usines Ford pour élever la productivité, étaient assez bien acceptées pour que le personnel n'ait fait en juin 1936, qu'une grève de solidarité avec l'ensemble des ouvriers ».

Moutet [1997], p. 371.

Les mouvements sociaux sont loin de se résumer aux seuls ouvriers. Dès l'entre-deux-guerres, on en retrouve chez les employés, les revendications dépassant parfois même le simple cadre des salaires. Il s'agit notamment de participer à la gestion de l'entreprise, *via* des représentants désignés pour représenter les salariés.

Les revendications des employés du Crédit Lyonnais en juillet 1925

« En quoi consistait le cahier des revendications ?

Outre des augmentations de salaire, le cahier de revendications présenté le 31 juillet à Toulouse comprend effectivement des revendications professionnelles :

1) la reconnaissance du droit syndical ;

2) la signature d'un contrat collectif de travail sur les bases du cahier de revendications déposé depuis plusieurs mois entre les mains des dirigeants de la finance ;

3) la constitution d'un conseil de travail composé par moitié des représentants de la Direction et des représentants du personnel, conseil de travail qui aura pour mission d'étudier et de remettre au point les questions intéressant à quelque titre le personnel » (p. 323).

C. Omnès (1997), *La gestion du personnel au Crédit Lyonnais (1863-1939)*, thèse de doctorat.

Notons enfin que les syndicats ne sont pas systématiquement des acteurs qui se contentent de réagir aux propositions patronales. Le cas de l'autogestion à la fin des années 1960 est assez instructif de ce point de vue. Pour la jeune CFDT qui vient de renier ses origines chrétiennes, l'autogestion est l'occasion d'affirmer une identité et de porter des valeurs comme la cogestion que refusera par exemple la CGT.

■ *Des facteurs techniques et économiques*

Des facteurs techniques et économiques peuvent enfin être avancés pour expliquer la diffusion et le renouvellement des savoirs et des pratiques de gestion. Nous les développerons avant de prendre un exemple de facteur économique, celui de la faillite.

a) Les innovations techniques

Les innovations techniques sont évidemment un puissant moteur qui explique les changements de pratiques et la constitution de nouveaux champs de savoirs. Les révolutions industrielles du XIXe siècle conduisent à un certain nombre de ***transformations des modes d'organisation du***

travail. L'invention du béton armé en matière d'architecture ou l'apparition des machines dans les bureaux au début du XXe siècle, l'informatisation des entreprises dans les années 1970 et 1980 constituent autant de facteurs qui ont favorisé la transformation des modes d'organisation. Le sens de la causalité entre changements technologiques et histoire de la gestion peut néanmoins être discuté.

Changements technologiques et histoire de la gestion

Le développement des Technologies de l'information et de la communication (TIC) à partir du milieu des années 1990 révolutionne les pratiques de gestion dans les entreprises dans de nombreux domaines ; il transforme par exemple les façons de faire du marketing (utilisation d'Internet comme moyen de communication et de vente, etc.). Il marque aussi l'arrivée d'un nouveau champ, les systèmes d'informations, symbolisé par les Progiciel de Gestion Intégré qui permettent de regrouper les informations des différentes fonctions traditionnelles de l'entreprise (gestion de production, des ressources humaines, informations comptables et financières, etc.) en un seul logiciel. L'unicité du système et les avantages qui en découlent contribuent à son succès. Pour autant, il est encore difficile d'avoir un recul nécessaire sur les transformations qu'induiront ces pratiques.

Ce n'est pas la première fois que la technologie induit des modifications substantielles dans la façon de gérer l'entreprise. La révolution industrielle avait déjà entraîné le recours à des machines plus importantes qui avaient elles-mêmes impliqué la levée de capitaux plus importants qu'au XVIIIe siècle. Dès le début du XXe siècle, c'est l'arrivée de la machine à écrire et du téléphone qui modifie l'activité du bureau. Au cours des trente glorieuses, la démocratisation de l'automobile explique en grande partie le succès des supermarchés.

À toutes les époques, les changements technologiques paraissent souvent aux contemporains comme des déterminants essentiels en matière d'évolution des pratiques de gestion. Ainsi, en a-t-il été l'arrivée de la machine à écrire ou du téléphone. Pourtant, sans nier l'impact de ces changements, la forme de la division du travail préexistante a fortement influencé l'utilisation qui a pu être faite de ces technologies. Ainsi, les mécanographes et autres dactylographes ne sont que les héritières des anciens employés aux écritures. On peut donc se demander dans quelle mesure le changement technologique n'est pas aussi le produit d'une façon de penser la gestion de l'entreprise.

b) Le contexte économique

Un autre facteur peut expliquer les changements de pratiques et les diffusions des savoirs dans les entreprises : le contexte économique. La concurrence, l'ouverture des marchés, le manque de main-d'œuvre ou les crises économiques sont ainsi fréquemment invoquées pour expliquer les changements au sein des firmes. Les témoignages des contemporains tendent à leur donner une place prépondérante. Pourtant, si ces explications sont souvent pertinentes, elles peuvent néanmoins s'avérer périlleuses parfois comme le montre l'encadré ci-dessous.

Apports et limites des explications économiques

La crise des années 1930 met en lumière l'importance des frais généraux dans les grandes entreprises françaises. Dans une banque comme la Société Générale, ce problème paraît particulièrement vivace et l'entreprise entreprend la mécanisation des services administratifs. Le résultat apparaît clairement quelques années après. Le personnel au Siège a diminué d'un tiers entre 1929 et 1935. Dans ce cas, on peut clairement lier la mise en place de la rationalisation et de la mécanisation au contexte de crise économique.

Dans ces mêmes années 1930, la lecture de la presse professionnelle (*Experta* par exemple) donne un autre sentiment. Il s'agit de défendre la rationalisation et le taylorisme venus d'Amérique en les présentant non pas comme des causes de la crise, mais plutôt comme des réponses adéquates. À en croire les textes de l'époque, c'est parce qu'on les aurait insuffisamment appliqués que la crise serait arrivée. De ces discours transpire le sentiment que le contexte économique est instrumentalisé pour justifier telle ou telle pratique.

Ces deux exemples mettent en évidence tout l'apport et les limites des explications économiques. D'un côté, elles paraissent très opérationnelles pour rendre compte de situations particulières et de l'autre, elles ressemblent davantage à une justification qu'à une explication.

D'après H. Bonin (2005), « Les mutations du traitement des données comptables dans les banques françaises dans les années 1930-1960 » dans Degos J.-G. et Trébucq S. (2005), *L'entreprise, le chiffre et le droit*, Imprimerie de l'Université Bordeaux IV.

c) Un exemple de facteur économique ambigu : la faillite

Les facteurs économiques sont assez nombreux et il est évidemment difficile de tous les analyser en détail. C'est pourquoi nous prenons ici un exemple, la faillite, que nous allons développer. Juridiquement, celle-ci constate l'incapacité d'un commerçant à régler ses dettes. Notons d'ores et déjà que la cause immédiate du déclenchement des faillites est une question de trésorerie et non de rentabilité.

Au XVIIe siècle déjà, l'augmentation du nombre de faillites pose problème. Elle est alors perçue comme un problème moral, de plus en plus de commerçants cherchant à se soustraire au paiement de leurs dettes.

La sanction sociale des faillis sous l'Ancien Régime

« À la faillite est toujours liée *l'infamie*. Dans une société encore très marquée par le Moyen Âge, la faillite entraîne, outre les déchéances civiques et les incapacités civiles et commerciales, toute une série d'humiliations qui participent du folklore de l'époque : exposition au pilori, cortège grotesque, gestes ridicules à accomplir par le failli, sans parler de l'excommunication et de la privation de sépulture chrétienne » (p. 297).

R. Szramkiewicz (1981), *Histoire du droit des affaires et des institutions commerciales*, tome 1, Les cours de droit.

Pour prévenir cette évolution, l'Ordonnance Colbert de 1673 rend obligatoire la tenue des comptes par tout commerçant. Il s'agit, lors de la faillite, de faciliter la vérification des opérations effectuées pour discerner le failli frauduleux du failli malheureux. Pour rendre ce contrôle possible, il faut sanctionner durement les commerçants ne tenant pas leurs comptes, ce que fera Colbert et qui perdure aujourd'hui encore.

La faillite pèse d'abord sur les pratiques des entreprises d'un point de vue juridique. Les sanctions étant potentiellement extrêmement lourdes (la peine de mort sous l'Ancien Régime, le bagne au XIXe siècle), les commerçants auraient dû tenir leurs comptes selon les formes prescrites par la loi. Si l'on trouve, aux XVIIIe et XIXe siècles, des formes de comptabilité dans le négoce et le petit commerce, ces dernières sont loin d'être légales. Si la sanction juridique peut être incitative, elle ne peut suffire. Nombre de commerçants ne tenant pas leurs comptes, la justice peut difficilement tous les sanctionner. L'amélioration des techniques ne s'opérera qu'ultérieurement avec le développement de l'enseignement comptable.

La ***dureté de la procédure de la faillite*** a été soulignée par nombre d'historiens du droit. Si l'étude des pratiques permet de relativiser ce jugement, il n'en reste pas moins que les commerçants ont intérêt à éviter une telle procédure qui les amène souvent à perdre leur bien personnel, le développement des sociétés à responsabilité limitée restant très minoritaire au XIXe siècle. Pour autant, les syndics de faillite constatent fréquemment des erreurs énormes qu'une simple prudence aurait permis d'empêcher (achat d'un fonds de commerce à prix excessif ou dans un quartier mal achalandé, etc.). Les faillis cherchent toutefois à empêcher la faillite en s'accordant avec quelques créanciers. Cet exemple met en évidence à la fois l'importance de la faillite pour expliquer les comportements des individus (tentative d'entente avec les créanciers) et les limites (incapacité à évoluer en amont).

Au total, la constitution des savoirs de gestion qui sont le fondement des techniques, des acteurs et de la structure (chapitres précédents) apparaissent comme étant le résultat d'une quadruple influence : culturelle, politique (multiplication des groupements), technique et économique.

Bibliographie

- D'Angio (A.), *Schneider et Cie et la naissance de l'ingénierie*, CNRS éditions, 2000.
- Belse (L.) et Spieser (P.), *Histoire de la finance*, Vuibert, 2007.
- Bensadon (D.), *Les comptes de groupe en France (1929-1985)*, PUR, 2010.
- Berland (N.), *Analyse de l'influence de la stratégie et de l'environnement sur les fonctions du contrôle budgétaire*, thèse de doctorat, 1998.
- Boltanski (L.), *Les cadres*, Les éditions de Minuit, 1982.
- Boltanski (L.) et Chiapello (E.), *Le nouvel esprit du capitalisme*, Gallimard, 1999.
- Bonin (H.), *Histoire de la Société Générale I (1864-1890)*, Droz, 2006.
- Caron (F.), *Histoire des chemins de fer en France*, Fayard, 2 tomes, 1997 et 2005.
- Cassis (Y.), *Les capitales du capital*, Champion Classiques, 2008.
- Chandler (A.), *Stratégies et structures de l'entreprise*, éditions d'Organisation, 1989.
- Chandler (A.), *La main visible des managers*, éditions d'Organisation, 1988.
- Charmasson (T.), Lelorrain (A.-M.) et Ripa (Y.), *L'enseignement technique de la Révolution à nos jours*, Économica et INRP, 1987.
- Chekkar (R.), *L'émergence de la communication financière dans les sociétés françaises cotées*, thèse de doctorat, 2007.

- CHESSEL (M.-E.), *La publicité*, CNRS éditions, 1998.
- CHESSEL (M.-E.), *Histoire de la consommation*, Repères, 2012.
- CHESSEL (M.-E.) et PAVIS (F.), *Le technocrate, le patron et le professeur*, Belin, 2001.
- COCHOY (F.), *Une histoire du marketing*, La découverte, 1999.
- COQUERY (N.), *L'espace du pouvoir*, Seli Arslan, 2000.
- COQUERY (N.), *Tenir boutique à Paris au XVIIIe siècle*, CTHS éditions, 2011.
- DAVIET (J.-P.), *Un destin international*, Éditions des Archives Contemporaines, 1988.
- DEGOS (J.-G.), *Histoire de la comptabilité*, coll. Que sais-je ?, PUF, 1998.
- DEWERPE (A.) et GAULUPEAU (Y.), *La fabrique des prolétaires*, Presses de l'ENS, 1990.
- FABRE (K.), *L'influence de l'évolution des modes de financement des entreprises sur le modèle comptable français (1890-1939)*, thèse de doctorat, 2008.
- FAVIER (J.), *De l'or et des épices*, Hachette Littérature, 2004.
- FOMBONNE (J.), *Personnel et DRH*, Vuibert, 2001.
- FRIDENSON (P.), « Un tournant taylorien de la société française (1904-1918) », *Annales ESC*, 5, pp. 1031-1060, 1987.
- GARÇON (A.-F.), *Entre l'État et l'usine*, PUR, 2004.
- GARDEY (D.), *La dactylographe et l'expéditionnaire*, Belin, 2001.
- GILLE (B.), *Recherches sur la formation de la grande entreprise*, SEVPEN, 1959.
- GOODY (J.), *La logique de l'écriture*, Armand Colin, 1986.
- HARDY-HEMERY (O.), « Le pouvoir dans l'entreprise : actionnaires et dirigeants dans les Sociétés du Nord, 1880-1960 », *Revue d'Histoire Moderne et contemporaine*, 48(4), pp. 77-101, 2001.
- HENRY (O.), « L'impossible professionnalisation du métier d'ingénieurs-conseils (1880-1954) », *Le Mouvement social*, 214, pp. 37-54, 2006.
- JEANNIN (P.), *Marchands d'Europe*, Presses de l'ENS, 2002.
- LABARDIN (P.), *L'émergence de la fonction comptable*, thèse de doctorat PUR, 2010.

- LAGNEAU-YMONET (P.), RIVA (A.), *Histoire de la Bourse*, Repères, 2012.
- LAMENDOUR (E.), *Managers à l'écran*, PUR, à paraître.
- LE GOFF (J.), *Marchands et banquiers du Moyen Âge*, coll. Que sais-je ?, PUF, 2001.
- LE GOFF (J.), *Du silence à la parole*, PUR, 2004.
- LE ROUX (M.), *L'entreprise et la recherche*, Rive Droite, 1999.
- LEFEBVRE (P.), *L'invention de la grande entreprise*, PUF, 2003.
- LEMARCHAND (Y.), *Du dépérissement à l'amortissement*, Ouest éditions, 1993.
- LÉVY-LEBOYER (M.), *Le patronat de la seconde industrialisation*, Les éditions ouvrières, 1979.
- LOISON (M.-C.), *Contribution à l'histoire de la responsabilité sociétale de l'entreprise : du paternalisme au développement durable*, thèse de doctorat, 2009.
- LYONNET DU MOUTIER (M.), *L'aventure de la Tour Eiffel*, Paris, Publications de la Sorbonne, 2009.
- MAFFRE (P.), *Les origines de l'enseignement commercial supérieur en France au XIXe siècle*, thèse de doctorat, 1983.
- MALAVAL (C.), *La presse d'entreprise française au XXe siècle*, Belin, 2001.
- MARCO (L.), *Histoire managériale du bazar Bonne Nouvelle*, L'Harmattan, 2009.
- MARTIN (M.), *Trois siècles de publicité en France*, Odile Jacob, 1992.
- MARTIN (M.), *Les pionniers de la publicité*, Nouveau monde éditions, 2012.
- MASSARD-GUILBAUD (G.), *Histoire de la pollution industrielle*, Éditions de l'EHESS, 2009.
- MILLER (M.), *Au Bon Marché*, Armand Colin, 1987.
- MINAUD (G.), *La comptabilité à Rome*, Presses Universitaires et Polytechniques Romandes, 2005.
- MORGANA (L.), *L'invention du contrôle de gestion à La Poste (1923-2003)*, L'Harmattan, 2008.
- MORICEAU (C.), *Les douleurs de l'industrie*, Éditions de l'EHESS, 2009.
- MOUTET (A.), *Les logiques de l'entreprise*, Éditions de l'EHESS, 1997.
- NIKITIN (M.), *La naissance de la comptabilité industrielle en France*, thèse de doctorat, 1992.

– Peaucelle (J.-L.), *Henri Fayol Inventeur des outils de gestion*, Économica, 2003.

– Pezet (A.), *La décision d'investissement industriel*, Économica, 2000.

– Pezet (E.), *De la classification des emplois à la question des compétences*, thèse de doctorat, 2001.

– Praquin (N.), *Comptabilité et protection des créanciers : une analyse de la fonction technico-sociale de la comptabilité*, thèse de doctorat, 2003.

– Sardais (C.), *Patron de Renault*, Presses de Sciences Po, 2009.

– Seiffert (M.-D.), *Apprentissages, stratégies et compétitivité sur la longue durée*, L'Harmattan, 2008.

– Touchelay (B.), *L'État et l'entreprise*, PUR, 2011.

– Verley (P.), *Entreprises et entrepreneurs du XVIIIe siècle au début du XXe siècle*, Hachette, 1994.

– Vuillermot (C.), *Pierre-Marie Durand et l'énergie industrielle*, CNRS éditions, 2001.

– Zimnovitch (H.), *Le calcul des prix de revient dans la seconde industrialisation en France*, thèse de doctorat, 1997.

Achevé d'imprimer par
l'Imprimerie France Quercy, 46090 Mercuès
N° d'impression : 21345A- Dépôt légal : août 2012

Imprimé en France